En los Negocios de Mi Padre Me es Necesario Estar

Volumen III

Crecimiento Espiritual - Pasión por Dios

• Dominio Sobre el Pecado y el Ego

T0062415

Los Negocios del Padre

Espada

1 Juan 3:8 Para esto apareció el Hijo de Dios,
para deshacer las obras del diablo.

Hoz

Lucas 19:10 Porque el Hijo del Hombre vino a buscar
y a salvar lo que se había perdido.

Mateo 9:38 Rogad, pues, al Señor de la mies,
que envíe obreros a su mies.

Traducido por: *Denis H. Gonzales Veizaga*

James A. Twentier

A menos que se indique lo contrario, todas las citas bíblicas en este libro son tomadas de la Versión Reina Valera de la Biblia, Revisión 1960. Los versículos incluidos de otras versiones de la Biblia se indican de la manera siguiente:

NBLH- Nueva Biblia de los Hispanos
PDT - Palabra de Dios para Todos
NVI - Nueva Versión Internacional
BLS - Biblia en Lenguaje Sencillo
SSE - Sagradas Escrituras en Español
BAD - Biblia Al Día
SRV - Reina Valera 1909
GNT - Traducción Buenas Nuevas
NLT - Nueva Traducción Viva
TEV - Versión Actualizada
TLB - La Biblia Viva
MSG - EL MENSAJE: La Biblia en Lenguaje Contemporáneo
          © 2002 por Eugene H. Peterson. Derechos Reservados.

Se ha utilizado PC STUDY BIBLE de BIBLESOFT y e-Sword como fuente de todas las referencias de versículos y comentarios.

Nótese que el énfasis en los versículos es puesto por el autor. El nombre satanás y nombres relacionados no se inician con mayúscula porque escogemos no reconocerle.

*Nuestra misión es ofrecer eficientemente el mejor y más exhaustivo servicio de
publicación de libros en el mundo, facilitando el éxito de cada autor. Para conocer
más acerca de cómo publicar su libro a su manera y hacerlo disponible alrededor del
mundo, visítenos en la dirección www.trafford.com*

Trafford rev. 2/25/10

 www.trafford.com

Para Norteamérica y el mundo entero
llamadas sin cargo: 1 888 232 4444 (USA & Canadá)
teléfono: 250 383 6864 ♦ fax: 812 355 4082

Contenido

Contenido

Contenido

Contenido

Dedicación

A mis padres, Ronald y Johnnie Twentier; y a mis suegros, Al y Vernell Jones, gracias por transmitirnos patrimonio cultural piadoso a Marsha y a mí. Estamos ahora viviendo con los beneficios y bendiciones de vuestra dedicación y ejemplo.

A nuestros hijos y sus parejas: Misty y Timothy Johnson; y a Monte y Starla Twentier, os presentamos nuestra carga de continuar en el patrimonio cultural y legado piadosos de nuestros padres y abuelos. Oramos ustedes transmitan la misma antorcha de la verdad y la justicia a sus hijos y a sus nietos.

Reconocimientos

Me gustaría decir gracias de todo corazón a las siguientes personas:

A mi esposa, por cuarenta años, Marsha, quien me ayudó incontables cientos de horas corrigiendo, formateando y con otras muchas sugerencias.

Joyce Houlette por ayudarme con su experiencia gramatical y de edición.

Roland Ramos por pintar la portada del libro.

Muchos amigos que ofrecieron su apoyo y ánimo.

Propósito y Alcance

La meta Principal del Volumen I y el Volumen II es tratar con los propósitos para los cuales Dios creó al hombre. Esto incluye el principio bíblico fundamental de que **Dios trabaja solamente a través del hombre para completar Su voluntad y Su obra en la tierra.** Aunque el Propósito de Dios para crear al hombre incluía la **relación**, era mucho más que esto; era traer al hombre hacia un compañerismo consigo mismo, y darle **dominio** para llevar a cabo Su misión, Su voluntad, y Su obra en la tierra. La decisión de Dios de hacerse a Sí mismo dependiente del hombre creó una relación balanceada con Dios necesitando al hombre y el hombre necesitando de Dios. Este es un concepto emocionante -- Dios nos necesita a ti y a mí. Así que los dos temas son:

- **Relación** - La relación del hombre con Dios.

- **Dominio -** Dios asociándose con el hombre y trabajando a través del hombre para llevar a cabo Su misión, Su voluntad, y Su obra en la tierra.

El propósito de los Volúmenes III, IV y V es edificar sobre el fundamento de los Volúmenes I y II, al moverse hacia la visión y la meta de llegar a ser un Cristiano enfocado en la cosecha.

Refiérase a las siguientes páginas para una breve descripción de este proyecto.

Este Proyecto

Los seis volúmenes de este proyecto se muestran aquí para:
- Describir brevemente el alcance completo de este proyecto.
- Definir el propósito y el alcance de cada volumen y dónde encaja este volumen en esta serie progresiva.

Volumen I
El Propósito de Dios para el Hombre
Relación y Dominio

El Volumen I expone el propósito de Dios para el hombre -- Relación y Dominio. Aborda en más profundidad la **relación** del hombre con Dios y el deseo de Dios de tener una relación cercana y creciente con el hombre.

Describe los papeles de Dios y el hombre en la relación: Padre / Hijo, Esposo / Esposa, Amigo / Amigo, y Amo / Siervo (esclavo por amor).

Volumen II
Dominio
Hacer la Voluntad y la Obra de Dios

Este volumen enfatiza la importancia del **dominio**, debido a que en la cultura Cristiana muy a menudo llevamos a la gente hacia una relación con Dios, pero fallamos ayudándoles a entender y tomar el siguiente paso importante -- ejercer el dominio en el reino de Dios. Los dos conceptos de la **relación** y el **dominio** trabajando juntos en la vida del creyente traerán un **equilibrio**, un **crecimiento espiritual**, y **satisfacción**.

Este libro aborda el tema del **dominio** y el **por qué** necesitamos estar involucrados en la misión, el propósito, la voluntad, y la obra de los negocios del Padre. Incluye muchos ejemplos, de tanto el Antiguo como el Nuevo Testamentos, del plan de Dios de trabajar por medio del hombre para lograr Su propósito y Su voluntad en la tierra.

También describe los papeles de Dios y del hombre en el dominio: Gran Médico / Médico, Gran Comandante / Soldado, Rey de reyes / Príncipe, Gran Sumo Sacerdote / Sacerdote, y Señor de la mies / Segador.

Volumen III
Crecimiento Espiritual - Pasión por Dios

• Dominio Sobre el Pecado y el Ego

Este libro abordará el **qué** necesitamos hacer para llegar a ser más efectivos en los negocios del Padre. Esto abarca algunos de los **principios bíblicos fundamentales del crecimiento espiritual** que preparará al individuo para ser un Cristiano más fructífero. El énfasis principal es el dominio sobre el ego (la voluntad, la mente y las emociones) contra el dominio sobre el pecado.

El crecimiento espiritual ocurre con un hambre y una **pasión** por las cosas de Dios - **"Amar a Dios con todo nuestro corazón, alma, y mente"**. La voluntad de Dios nos guiará siempre más allá de donde estamos ahora en nuestro crecimiento espiritual.

El crecimiento espiritual en el nivel del individuo resultará en un crecimiento de la iglesia en un nivel corporativo.

Volumen IV
Compañerismo Ilimitado
Con un Dios Sobrenatural

La mayor razón para la primera creación de Dios del hombre al inicio de la creación era que Él pudiese obtener hijos para llevar a cabo Su voluntad y Su obra en la tierra. Él deseaba reproducir Su imagen en una criatura.

La mayor razón para la nueva creación de Dios del hombre (a

15

través del nuevo nacimiento, un nacimiento espiritual) registrado primero en el libro de Hechos, era que Él pudiese obtener **hijos para llevar a cabo la obra sobrenatural de Su reino**. La verdadera calidad de hijo es una obligación vivir hasta el límite, o poner en práctica, la naturaleza del Padre. Es la voluntad del Padre para nosotros como hijos de Dios que lleguemos a ser: *"Copartícipes de Su naturaleza divina"*, Su naturaleza sobrenatural – en compañerismo con Él en Sus negocios.

Volumen V

Avivamiento y Evangelismo

- **Pasión por Dios**
- **Compasión por los Perdidos**

La clave para ganar almas es el amor y la compasión y el ejercitar el **dominio** en el campo de la cosecha.

Este libro también describirá algunos de los fundamentos bíblicos del evangelismo. Desarrollado en más detalle está el **"cómo"** del poner los principios del evangelismo en práctica a través de los dos brazos de la iglesia:

- El **Ministerio de Oración** - alcanzarle a Él.
- El **Ministerio de Compasión y Cuidados** (Atraer, ganar y retener) - alcanzarles a ellos.

Avivamiento y evangelismo en el nivel personal resultará en avivamiento y evangelismo a nivel corporativo.

Volumen Suplementario
Diapositivas de PowerPoint
para los Volúmenes I, II, III, IV y V

El volumen suplementario contiene copias tamaño carta (8.5 x 11 in. – 21.6 x 27.95cm) de las tablas de PowerPoint que apoyan los temas y conceptos presentados en los Volúmenes I, II, III, IV y V de la serie titulada: *En los Negocios de Mi Padre Me es Necesario Estar*.

Las diapositivas a todo color están disponibles en CD en formatos PowerPoint y Adobe Acrobat. Para enseñanzas grupales, estas se pueden imprimir en transparencias para una presentación con retroproyector usando un ordenador con un proyector multimedia.

Refiérase a los Apéndices 1 y 2 para las tablas del Volumen Suplementario que aplican a este libro.

El volumen Suplementario contiene copias de las diapositivas que apoyan los temas presentados en los cinco volúmenes de arriba.

Nota del Autor

El proyecto de escribir esta serie progresiva de seis libros es muy desafiante tanto en contenido como en alcance. La Primera Edición es un trabajo en progreso y de ninguna manera es una exposición completa de los temas. Es solo un resumen de los temas con los que Dios ha tratado conmigo en cuanto a estos exhaustivos temas. Es mi tesis y colección de hallazgos a este punto en mi experiencia Cristiana:

- Varios miles de horas estudiando varios temas relacionados con el propósito y la voluntad de Dios para el hombre; la restauración de la iglesia; la cosecha del tiempo del fin; pasión por Dios; compasión por los perdidos; dominio en lo sobrenatural; y ganar almas que involucra la salvación tanto del pecador como de los santos.

- Un tema que comenzó unos pocos años atrás como una rebanada de pan de la Palabra de Dios, el Pan de Vida. Entonces, según continuaron mis estudios, llegó hasta convertirse en una hogaza de pan, y otra, y otra. Y según muchas de las cosas que yo había estado estudiando comenzaron a juntarse, llegaron a convertirse en un camión de pan, una carga sobrecogedora, atravesando mi espíritu, alma, y cuerpo, que tenía que ser liberada.

- Muchos años de tratar de aplicar estos principios en mi vida y ministerio. No he obtenido todo lo que debería, y debería estar más adelante en Su obra y Su reino, pero estoy alcanzando y esforzándome por más.

- Una dirección y una carga de parte de Dios, acompañada por una urgencia inusual de escribir y completar este proyecto muy rápidamente. Esto es comparado a la carga de un mensaje no predicado esperando ser entregado. Sin embargo, este sentir ha permanecido durante muchos años de trabajo y preparación.

Este proyecto incluye muchos textos Bíblicos y comentarios tanto del Antiguo como del Nuevo Testamentos. Quizás redundante para algunos lectores, lo menciono aquí para explicar que es intencional. Estos versos mostrados colectivamente demuestran la importancia de los temas que describen el propósito y la voluntad eternos de Dios para que el hombre se involucre en Su obra en la tierra.

La Palabra de Dios es como un martillo. El martillo que ha desgastado un yunque a través de las edades del tiempo no ha llegado a debilitarse o disminuido en su efectividad con el martilleo. Oro porque Dios martillee este mensaje y tema en tu espíritu y alma como está Él haciéndolo conmigo ahora. *Jeremías 23:29 ¿No es mi <u>palabra</u> como fuego, dice Jehová, y como <u>martillo</u> que quebranta la piedra?*

Este libro es un producto de oír varios miles de mensajes, leer y estudiar no solo del más grande de los libros, la Biblia, sino también de muchas otras fuentes de grandes escritores a través de muchos años. He tratado de dar el crédito apropiado a fuentes donde se ha considerado adecuado. Si he pasado por alto a alguien o algo, es sin intención y tan solo una indicación de que su mensaje individual o trabajo se ha integrado a los temas más grandes de mis estudios y ministerio.

Tus comentarios y sugerencias para cambios y adiciones al contenido de este libro serán bienvenidas y apreciadas y serán consideradas para futuras revisiones. Dios bendiga y multiplique su cosecha mientras trabajamos juntos con Él.

Introducción

Si tiene que haber un continuado crecimiento espiritual siguiendo a la experiencia de la salvación y la base inicial en las verdades fundamentales básicas de la vida Cristiana, será porque lo perseguimos consistentemente, diligentemente y determinadamente - con **pasión**.

La búsqueda del crecimiento espiritual no será sin un reto y una batalla. Esta batalla se llevará a cabo en tres frentes -- el mundo, la carne y el diablo. El mayor enemigo es la carne, resultando en una lucha a muerte -- la muerte de nuestro hombre carnal. El apóstol Pablo advirtió a las iglesias de su entonces acerca de esta batalla de la carne y el Espíritu.

Gal. 5:17
17 Porque el deseo de la carne es contra el Espíritu, y el del Espíritu es contra la carne, pues éstos se oponen el uno al otro, de manera que ustedes no pueden hacer lo que deseen. LNBH

Rom. 7:21, 22
21 Así que hallo esta ley (regla de acción de mi ser) que cuando quiero hacer lo que es bueno, el mal está presente conmigo y soy sujeto a sus insistentes demandas.
22 Me regocijo en la Ley de Dios en lo más profundo de mi ser [con mi nueva naturaleza]. AMP

Aunque este libro trata con el domino sobre el pecado y el ego, el énfasis principal está en el **ego**. Temprano en nuestro caminar

Cristiano deberíamos ganar dominio sobre los pecados de la carne.

Rom. 6:14
14 *Así el pecado no tendrá [más] dominio sobre ustedes,* *porque ya no están bajo la ley [como esclavos] sino bajo la gracia [como sujetos del favor y la misericordia de Dios]. NVI*

La lucha más grande en la vida será con el **ego -- el alma (la voluntad, la mente y las emociones)**:
  - La voluntad propia contra la voluntad de Dios.
    - Los caminos propios (mente) contra los caminos de Dios (mente).
      - El amor propio contra el amor de Dios.
        - La justicia propia contra la justicia de Dios.

Sacrificios para Buscar las Profundidades del Espíritu

Los sacrificios de la cruz para continuar el viaje del crecimiento espiritual hacia las profundidades del Espíritu pueden parecer demasiado extremos o fanáticos al hombre carnal. Pero para el hombre espiritual ellos llegan a ser su **pasión**. Resumido en este libro se incluye lo siguiente:
  - Movido por un hambre y sed por Dios.
  - Alcanzar una visión y sueños dados por Dios – lo imposible.
  - Perseguir el círculo interior de la relación con Dios.
  - Perseguir el crecimiento espiritual con el motive correcto.
  - Renunciando a la voluntad propia para alcanzar la voluntad de Dios.
  - Vivir como el templo del Santísimo Dios.
  - Sumisión del hombre completo (cuerpo, alma y espíritu).
  - Ruptura del velo de sí mismo (alma – la voluntad, la mente y las emociones).
  - Aceptar y abrazar los agentes de cambio de Dios – el fuego refinador y la cruz del sufrimiento.
  - Búsqueda de la transformación – cambio continuo.

- Desarrollo de la auto-disciplina para vivir por las prioridades correctas.
- Búsqueda de la frontera espiritual (nuevo territorio) a través de una mayor profundidad en la oración.
- Aceptación de la voluntad de Dios cuando la respuesta a nuestra oración es "no" o "espera".

Devoción Extrema y Fanática a Jesucristo

El Rvdo. Randy Keyes dijo: **"El verdadero avivamiento apostólico no existe fuera del ámbito de lo fanático".**

Los términos "extremo" y "fanático" tienen una implicación negativa cuando se usa con una causa indigna o mala. Pero estos términos tienen una implicación positiva cuando se usan con una causa digna o excelente. En este libro estamos hablando de tener una **pasión** para la causa más grande -- la causa de Jesucristo.

-- Del Nuevo Diccionario Mundial Webster

Extremo - lejos de lo que es usual, ordinario o convencional, drástico, sumo, al mayor grado, muy grande, expediente. [1]

Fanático - entusiasta, inspirado, una persona cuyo celo extremo va más allá de lo razonable, demasiado celoso. [1]

Pasión - extrema emoción que tiene un efecto dominante y absorbente; intenso entusiasmo y celo por una causa expuesta por actividad vigorosa e incansable en su apoyo. [1]

En el contexto de los conceptos en este libro, estos términos no significan loco, rudo, o fuera de orden. Sino que expresan un amor, devoción y dedicación extremos y **apasionados** a nuestro Señor y Amo, Jesucristo -- dispuestos a dar nuestra vida por Su reino.

1 Cor. 4:10
10 Nosotros somos insensatos por amor de Cristo, mas vosotros prudentes en Cristo...

10 ¡Nuestra dedicación a Cristo nos hace parecer necios, pero ustedes son tan sabios! . . . NLT

Algunos debaten la cuestión: "¿Por qué los conceptos y los asuntos que rodean el caminar Cristiano y el crecimiento espiritual deberían ser tan extremos?"

La respuesta es: "Porque esto concierne a los **asuntos extremos de la vida y la muerte -- y del cielo y el infierno.**"

Introducción

¿Por Qué Extremo y Fanático? -- Porque:

- Dios es extremamente santo.
  1 Pedro 1:15, 16
  15 Sino que así como aquel que os llamó es santo, así también sed vosotros santos en toda vuestra manera de vivir;
  16 Porque escrito está: sed santos, porque yo soy santo. LBLA

- Satanás es extremamente malo; él pelea extremamente duro.

- El cielo es extremamente glorioso y maravilloso.

- El infierno es extremamente caliente y doloroso.

- La eternidad es extremamente larga y la vida es extremamente corta.

- El camino es extremamente recto y angosto.
  Mat. 7:14
  14 porque estrecha es la puerta, y angosto el camino que lleva a la vida, y pocos son los que la hallan.

- El pueblo de Dios es extremamente separado del mundo.

- Dios pagó un extreme precio para nuestra sanidad y salvación.

- El valor de un alma es extremamente grande – más que el valor del mundo entero.

- La vida eterna es extremamente valiosa – nada en este mundo vale tanto para perderla.

- Jesús, nuestro ejemplo, fue extreme en Su ministerio.
  Jesús fue considerado un radical por los líderes religiosos porque Él no encajaba en la cultura religiosa de su tiempo.
  Juan 2:17
  17 El celo de tu casa me consume.
  17 "El amor que siento por tu casa arde como fuego en mí corazón".
  BLS

En nuestro reino somos fanáticos sobre algo que nos entusiasma, algo que disfrutamos haciendo más que cualquier cosa. Los patrones que establecemos en nuestro reino para nuestros pasatiempos son el patrón de inicio para medir nuestro compromiso a Su reino.

El día del juicio, posiblemente el juicio más duro será cómo hemos manejado los negocios en nuestro reino, comparado con el cómo hemos manejado los negocios en Su reino. Deberíamos ser fanáticos sobre los negocios de Su reino -- *Ama al Señor tu Dios con todo **tu corazón**, y con toda **tu alma**, y con toda **tu mente**, y con todas **tus fuerzas**.*

La Extrema Longitud de la Eternidad Comparada con la Extrema Brevedad de la Vida

Nos ha sido otorgado 70-100 años para vivir en esta vida; es solo como un vapor. Pero viviremos 999,999,999,999,999,999,999, 999.999.999.999.999.999.999.999… años en la eternidad. Este concepto es inconmensurable para que nuestras mentes finitas lo comprendan. Es como trabajar para una compañía **un minuto**, y que luego se te dé un paquete de jubilación de valor de mil millones de dólares al día por el resto de tu vida.

- **Si podemos entender y comprender esta verdad, esto revolucionará nuestra vida. Viviremos este minuto en el espacio del tiempo, llamado vida, con la dedicación más extrema hacia nuestro Padre y Sus negocios.**

Este concepto debería sobresaltarnos a la acción, con un deseo extremo por el crecimiento espiritual y dedicación a Dios.

Beneficios y Recompensas del Crecimiento Espiritual

Oro a Dios que nos dé una mayor revelación de los beneficios y recompensas que son mayores que los "aparentes aspectos negativos" de las luchas requeridas para lograr el crecimiento espiritual.

Entender los muchos beneficios del continuo crecimiento espiritual es una parte del viaje. Ya que van más allá de la comprensión con la mente carnal, ellas deben ser reveladas por el Espíritu.

Mientras procedemos al crecimiento espiritual, recibiremos una mayor revelación y experimentaremos más de las maravillosas bendiciones de Dios.

1 Cor. 2:9-11
9 Antes bien, como está escrito: **Cosas que ojo no vio, ni oído oyó, Ni han subido en corazón de hombre,** *Son las que Dios ha preparado para los que le aman.*
10 Pero **Dios nos las reveló a nosotros por el Espíritu**; *porque el Espíritu todo lo escudriña, aun lo profundo de Dios.*
11 Porque ¿quién de los hombres sabe las cosas del hombre, sino el espíritu del hombre que está en él? Así tampoco **nadie conoció las cosas de Dios, sino el Espíritu de Dios**.

A menudo interpretamos este verso para referirnos a la gloria y las recompensas del cielo. Pero esto se refiere a la revelación de las cosas increíbles y sobrenaturales disponibles a los creyentes para disfrutar ahora mientras buscamos las cosas más profundas del Espíritu.

-- De Las Notas de Barnes

La declaración de 1 Cor. 2:10, es prueba conclusiva que Pablo no se refiere a la felicidad del cielo. Aquí é dice que Dios ha revelado estas cosas a los Cristianos por Su Espíritu. Pero si ya son reveladas, seguramente no se refiere a lo que todavía está por venir.

[Cosa que ojo no vio] Esto es lo mismo que decir: que nadie ha percibido ni entendido completamente jamás el valor y la belleza de estas cosas que Dios ha preparado para Su pueblo.

[Decir que ojo no vio, ni oído oyó, era, por tanto, lo mismo que decir que no era conocido a todos. Toda la gente había sido ignorante de ello.

[Ni han subido en corazón de hombre] Ningún hombre lo ha concebido; o entendido. Es nuevo; y está por encima de lo que el hombre ha visto, y sentido, y conocido.[2]

- **Los increíbles beneficios que Dios tiene para Su pueblo en esta vida, son infinitamente más allá de nuestra comprensión, sin la revelación del Espíritu.**

- **El final de nuestra vida, recibiremos una recompense rica, increíble e incomprensible -- la herencia de la vida eterna en el cielo.**

Apo. 21:4, 23
4 Enjugará Dios toda lágrima de los ojos de ellos; y ya no habrá muerte, ni habrá más llanto, ni clamor, ni dolor; porque las primeras cosas pasaron.
23 La ciudad no tiene necesidad de sol ni de luna que brillen en ella; porque la gloria de Dios la ilumina, y el Cordero es su lumbrera.

Apo. 22:4, 5
4 Y verán su rostro, y su nombre estará en sus frentes.
*5 No habrá allí más noche; y no tienen necesidad de luz de lámpara, ni de luz del sol, porque Dios el Señor los iluminará; y reinarán **por los siglos de los siglos**.*

Apo. 2:10
10 Sé fiel hasta la muerte, y yo te daré la corona de la vida.

I.
Crecimiento Espiritual – Una Pasión por Dios

¿Cuáles Son Tus Deseos?

- *Lo que sea que desees, es lo que perseguirás.*

- *Lo que sea que persigas, es lo que obtendrás.*

- *Lo que sea que obtengas, es lo que serás.*

1. Hambre y Sed de Dios

Dios creó al hombre con la capacidad de tener hambre y sed. El hambre y la sed se refieren a un anhelo o deseo serio de algo. El hambre es una sensación humana saludable. Es una pasión convincente, insistiendo en la satisfacción. Cuanto más tiempo pasa el hambre insatisfecha, más intenso se vuelve el deseo. El hambre y la sed son los apetitos naturales más fuertes. Asimismo, el hambre y la sed del alma deberían ser despertadas para desear apasionadamente las cosas del Espíritu.

Un requisito básico para el crecimiento natural de un niño es el hambre de comida y la sed de agua. Sin ellos, el niño no crecerá y eventualmente se convertirá en desnutrido y morirá. Del mismo modo, un requisito básico para el crecimiento espiritual de un hijo de Dios es el hambre del pan de vida (la Palabra) y la sed de agua viva (el Espíritu).

Esto debería ir acompañado por un deseo de ser guiado por el **Espíritu** y vivir en obediencia a la Palabra de Dios y Su voluntad. Dios ha puesto en nuestros corazones la eternidad. Él nos ha dado un hambre que sólo puede ser satisfecho con el Pan de Vida, y una sed que sólo puede ser apagada por el agua viva de la Roca de las Edades. Jesús declaró esta verdad eterna del hambre y la sed.

31

Mat. 5:6
*6 Bienaventurados los que tienen **hambre y sed** de justicia, porque ellos serán saciados.*

Juan 6:35
35 Jesús les dijo: Yo soy el pan de vida; el que a mí viene, nunca tendrá hambre; y el que en mí cree, no tendrá sed jamás.

Juan 7:37-39
*37 En el último y gran día de la fiesta, Jesús se puso en pie y alzó la voz, diciendo: **Si alguno tiene sed, venga a mí y beba**.*
38 El que cree en mí, como dice la Escritura, de su interior correrán ríos de agua viva.
39 Esto dijo del Espíritu que habían de recibir los que creyesen en él; pues aún no había venido el Espíritu Santo, porque Jesús no había sido aún glorificado.

El rey David escribió a mendo acerca de esta sed de Dios. Él fue llamado, "El varón conforme al corazón de Dios", debido a su hambre y sed de Dios y su deseo consumidor de hacer la voluntad de Dios. *"He hallado a David hijo de Jesse, varón conforme a mi corazón, quien hará todo lo que yo quiero."* (Hechos 13:22)

Sal. 42:1, 2
1 Como el ciervo brama por las corrientes de las aguas, Así clama por ti, oh Dios, el alma mía.
*2 Mi alma tiene **sed** de Dios, del Dios vivo.*

Sal. 63:1-3
*1 Dios, Dios mío eres tú; De madrugada te buscaré; **Mi alma tiene sed de ti, mi carne te anhela**, En tierra seca y árida donde no hay aguas,*
2 Para ver tu poder y tu gloria, Así como te he mirado en el santuario.
3 Porque mejor es tu misericordia que la vida; Mis labios te alabarán.

1.1 El Apetito Natural

El **apetito que satisface al hombre natural** (hijo del hombre) es movido por el hambre de las cosas del reino del hombre. El hambre y la sed de comida y agua es el impulso más fuerte en la naturaleza humana.

Dios Hizo Previsiones para la Comida y la Bebida del Hombre Natural

Adán y Eva en el huerto de Edén.

El agua para Ismael en el desierto.

Israel con maná y agua en el desierto.

Cuervos junto al arroyo para alimentar a Elías durante la hambruna.

Un ángel para alimentar a Elías.

Milagro del barril de comida para alimentar a la viuda y a Elías.

A David se le permitió comer de los panes de la proposición (reservados a los sacerdotes) cuando estaba huyendo de Saúl.

Jesús permitió a Sus discípulos que recogieran maíz en el día de reposo.

Con cinco panes y dos pececillos, Jesús alimentó a 5,000 hombres (además de las mujeres y niños).

Con siete panes y pocos peces, Jesús alimentó a los 4,000 hombres (además de las mujeres y niños).

La Biblia nos instruye a alimentar a nuestros semejantes.

Otros apetitos en el reino de los hombres incluyen deseos por:
  - Libertad
    - Comodidad
      - Felicidad
        - Posesiones
          - Reconocimiento y poder
            - Compañía y amor
              - Conocimiento y alto aprendizaje
                - Placer, recreación y entretenimiento

1.2 El Apetito Espiritual

El **apetito que satisface al hombre espiritual** es movido por un hambre por las cosas que pertenecen al reino de Dios. Satisfecho por las cosas espirituales, el hombre espiritual (hijo de Dios) - anhela la oración, la Palabra de Dios, la casa de Dios, y hacer la obra de Dios -- amando y ayudando a la gente.

Dios también hace provisiones para el hambre y sed espiritual y es más pronto a suplir las necesidades espirituales del hombre:

- Si su hijo le pide pan a cualquiera de ustedes que son padres, ¿le dará una piedra? (Lucas 11:11)
- ¿Cuánto más vuestro padre celestial le dará el Espíritu Santo al que se lo pida? (Lucas 11:13)
- El día de Pentecostés estaban hambrientos y esperaron y oraron hasta que fueron llenados. (Hechos 2:1-4)
- Cornelio estaba hambriento por Dios y un ángel fue enviado con un mensaje que le llevó a la satisfacción de su alma y las almas de toda su casa. (Hechos 10:2-33)

Dios desea llenar con salvación a aquellos que tienen hambre por un cambio en sus vidas. Dios también desea llenar al Cristiano que tiene hambre por cumplir la voluntad y el propósito de Dios – suplir las necesidades de Dios. Dios solamente responde a las necesidades -- las del pecador, las del santo.

Isa. 44:3
3 Que ***regaré con agua la tierra sedienta****, y con arroyos el suelo seco; derramaré mi Espíritu sobre tu descendencia, y mi bendición sobre tus vástagos. NVI*

Apo. 21:6
6 ***Al que tuviere sed****, yo le daré gratuitamente de la fuente del agua de la vida.*

Apo. 22:17
17 Y el Espíritu y la Esposa dicen: Ven. Y el que oye, diga: Ven.

34

*Y **el que tiene sed, venga**; y el que quiera, tome del agua de la vida gratuitamente.*

Cuando llegamos a estar satisfechos y ya no tenemos hambre para ser transformados a la imagen de Cristo, comienza el estado de apartamiento. Dios solo responde a la necesidad. Para obtener un crecimiento espiritual, el hombre debe sentir su necesidad de Dios; él debe tener hambre. Dios crea en el alma de cada hombre un anhelo por Su presencia. Como los demás gustos, un hambre por las cosas espirituales es fortalecida por el ejercicio y es debilitada por la negligencia.

Satanás busca reemplazar el hambre espiritual con el deseo por las cosas temporales. Deberíamos pedirle consistentemente a Dios que perpetué e incremente nuestro deseo fuerte por Su justicia.

-- De "Poder a Través de la Oración" de E. M. Bounds

"Debe existir un ardiente deseo que mueve y rompe todas las cadenas de auto-indulgencia."

"Nuestra pereza por Dios es nuestro pecado en llanto. Los hijos de este mundo son mucho más sabios que nosotros. Están en ello temprano y tarde."

"¿Estamos esperando a que ocurra algo, o estamos buscando a Dios con todo lo que tenemos?"

"Dios no otorga Sus dones sobre el eventual o apresurado visitante que viene y va."[1]

Ayuno
Para ser llenado con las cosas en Su reino, debemos a menudo ayunar ciertas cosas en nuestro reino.

- Quitar el placer de la comida – estando más hambriento por Dios que por la comida natural.
- Teniendo más hambre por: *"El reposo que hace reposar al cansado"*, que por la comodidad natural.
- Hambre por: *"En Su presencia hay plenitud de gozo, delicias a Su diestra para siempre"*, más que los placeres naturales.

Un apetito por Dios y las cosas de Dios pueden ser despertados y alimentados por la oración y el ayuno -- **"Oh Dios, te anhelo; Te anhelo más que cualquier cosa en mi reino."** Al hacer esto, Dios satisfará **nuestra carga**, e incrementará nuestra hambre para suplir las necesidades de **Su carga** -- ministrar las necesidades de Sus hijos desesperadamente enfermos y perdidos.

-- De "Un Hambre por Dios" de John Piper

Nuestros apetitos dictaminan la dirección de nuestras vidas - ya sean los antojos de nuestros estómagos, el apasionado deseo de posesiones o el poder, el insaciable apetito para el entretenimiento y el placer o los anhelos de nuestro espíritu por Dios.

Para el Cristiano, el hambre de cualquier cosa fuera de Dios puede ser nuestro enemigo, mientras que nuestra hambre de Dios, y solo de Él, es lo único que traerá la plenitud, la satisfacción y la victoria.

¿Tienes tú esa hambre de Él? ¿Tienes esa sed de Él? Si no sentimos fuertes deseos por la manifestación de la gloria de Dios en nuestras vidas, es porque no hemos bebido profundamente de Su fuente. Es porque hemos picoteado tanto tiempo en la mesa del mundo. Nuestra alma está llena con pequeñas cosas, y no hay espacio para las grandes.

Si estamos llenos con lo que el mundo ofrece, entonces quizás un ayuno puede expresar, o incluso aumentar, el apetito de nuestra alma por Dios. Entre los peligros de la auto-negación y auto-indulgencia está este camino de dolor agradable llamado ayuno. Porque cuando Dios es el hambre suprema de tu corazón, Él será supremo en todo. Y cuando estás más satisfecho en Él, Él será más glorificado en ustedes.[2]

- **¿Cuáles son tus deseos? Cualquiera sea tu deseo, eso buscarás. Lo que sea que busques, es lo que obtendrás. Lo que sea que obtengas, eso llegarás a ser.**

Nosotros usualmente recibimos esas cosas por las que tenemos hambre y sed. Sin embargo, los tesoros de la tierra como el dinero, las posesiones, el poder, la alabanza y el entretenimiento no satisfacen -- los tesoros del cielo sí.

-- De "Evangelismo, el Latido de Dios" de Shelly Hendricks

¿Podría ser que no estamos teniendo la gran cosecha que hemos pedido porque nuestros deseos carnales son mayores que nuestros deseos espirituales? En el reino del hombre -- la economía se mide en dólares. En el Reino de Dios -- Su economía se mide por las almas perdidas que se hayan sanado, liberado y salvado.[3]

- **Mientras más buscamos por las cosas espirituales en el reino de Dios, menos deseamos las cosas naturales en nuestro reino. Mientras más son nuestros deseos por el hombre natural, menos deseamos las cosas espirituales.**

Una persona con hambre, compromiso, persistencia y aguante logrará más que mil personas con mero interés de paso. Rendirse es un hábito y también lo es la persistencia. *"Hambre y sed de justicia"*, refleja una fuerza apasionada dentro del alma clamando por más de Dios. Mucha gente comienza la buena batalla de la fe, pero ellos se quedan satisfechos muy pronto y su apetito por otras cosas reemplaza su hambre y sed de Dios. Cuando perdemos la motivación por más de Dios, el crecimiento espiritual crece.

Jesús, Nuestro Ejemplo de Hambre y Sed

En el corazón de Jesús ardía con hambre y sed de salvar a los hombres. Evidente a la edad de 12 años, Él dijo: *"¿No sabíais que en los negocios de mi Padre me es necesario estar?"* Su hambre y sed no fue saciada hasta que Su obra en la tierra fue completada y Su clamor desde la cruz anunció -- *"Consumado es".*

En el ministerio de Jesús, Su hambre fue satisfecha solo por hacer la voluntad de Dios.

Juan 4:31-35
31 Entre tanto, los discípulos le rogaban, diciendo: Rabí, come.
32 El les dijo: Yo tengo una comida que comer, que vosotros no sabéis.
33 Entonces los discípulos decían unos a otros: ¿Le habrá traído alguien de comer?
*34 Jesús les dijo: **Mi comida es que haga la voluntad del que me envió, y que acabe su obra.***
*35 ¿No decís vosotros: Aún faltan cuatro meses para que llegue la **siega**? He aquí os digo: Alzad vuestros ojos y mirad los campos, porque ya están **blancos para la siega**.*

- **El hambre del santo debería ser paralela a la de Jesús -- traer el Pan de Vida y el Agua de Vida a los necesitados.**

Como Jesús junto al pozo de Samaria, deberíamos satisfacer nuestra sed haciendo Su voluntad al ministrar a la gente con necesidad. Debemos tener hambre por ver las almas de nuestros semejantes salvadas. Debemos tener sed de tener nuestros hijos, compañeros de trabajo, y vecinos liberados y libres. Y para nosotros mismos debemos desear tener nuestra alma despertada a un nuevo nivel -- con un hambre y sed de más de la justicia de Dios.

- **Un día nuestra hambre y nuestra sed serán eternamente satisfechas.**

Si continuamos buscándole a Él y Su perfecta voluntad -- Su reino en esta vida, recibiremos la recompense del cielo en la próxima vida -- terminando para siempre nuestra hambre y sed.

Apo. 7:16, 17
*16 Ya no **tendrán hambre ni sed**, y el sol no caerá más sobre ellos, ni calor alguno;*
*17 porque el Cordero que está en medio del trono los pastoreará, y los guiará a **fuentes de aguas de vida**; y Dios enjugará toda lágrima de los ojos de ellos.*

- **Mientras le buscamos a Él -- Él está buscándonos a nosotros. Dios busca a los que tienen hambre y sed de Él y Su justicia.**

2 Cron. 16:9
*9 Porque los **ojos de Jehová contemplan** toda la tierra, para mostrar su poder a favor de los que tienen corazón perfecto para con él. Locamente has hecho en esto; porque de aquí en adelante habrá más guerra contra ti.*

1 Pedro 3:12
*12 Porque los **ojos del Señor están sobre los justos, Y sus oídos atentos a sus oraciones**...*

Juan 4:23
*23 Mas la hora viene, y ahora es, cuando los verdaderos adoradores adorarán al Padre en espíritu y en verdad; porque también **el Padre tales adoradores busca que le adoren**.*

Ezeq. 22:30
*30 Y **busqué entre ellos hombre** que hiciese vallado y que se pusiese en la brecha delante de mí, a favor de la tierra, para que yo no la destruyese; y no lo hallé.*

La única cosa peor que no alcanzar tu sueño
-- es no tener un sueño.

2. Visiones y Sueños
- Bajo la Influencia del Espíritu

Lo que sueñas hoy, es lo que harás mañana. Pero si no tienes un sueño hoy -- no puedes verlo cumplido mañana.

La Visión es ver más allá de las circunstancias presentes. Es mirar más allá de lo temporal y del mundo físico de la realidad. Es ver por fe algo que todavía no existe. La fe es la energía espiritual para extender, sostener y alcanzar la visión. La visión es el objeto de la fe; ve el fin desde el principio. La visión es una imagen de lo que vas a hacer y hacer. ¡La visión revela lo que Dios está haciendo a través de ti!

Los sueños o las visiones son referenciados más de 200 veces en la Biblia. El ejemplo bíblico más relevante de sueños y visiones espirituales es declarado en Joel, capítulo 2, y cumplido en el día de Pentecostés en Hechos, capítulo 2. Declara que cuando uno está bajo la influencia del Espíritu ellos comenzarán a soñar sueños y ver visiones -- sueños y visiones espirituales.

¿Qué tipo de sueños y visiones quiere el Espíritu crear en tu vida? Cuando somos llenados con el Espíritu, deberíamos soñar sueños y ver visiones como la gente en Hechos, capítulo 2. Tales sueños y visiones estarán referidos a las **maravillosas obras de Dios que**

el Espíritu estará haciendo a través de nuestras vidas.

La profecía de Joel acerca del derramamiento del Espíritu:
Joel 2:23, 24, 28, 29
23 Vosotros también, hijos de Sion, alegraos y gozaos en Jehová vuestro Dios; porque os ha dado la primera lluvia a su tiempo, y hará descender sobre vosotros lluvia temprana y tardía como al principio.
24 Las eras se llenarán de trigo, y los lagares rebosarán de vino y aceite.
*28 Y después de esto **derramaré mi Espíritu** sobre toda carne, y profetizarán vuestros hijos y vuestras hijas; vuestros ancianos **soñarán sueños**, y vuestros jóvenes **verán visiones**.*
29 Y también sobre los siervos y sobre las siervas derramaré mi Espíritu en aquellos días.

Respuesta al derramamiento del Espíritu:
Hechos 2:10-18
10 En Frigia y Panfilia, en Egipto y en las regiones de Africa más allá de Cirene, y romanos aquí residentes, tanto judíos como prosélitos,
*11 Cretenses y árabes, **les oímos hablar en nuestras lenguas las maravillas de Dios.***
12 Y estaban todos atónitos y perplejos, diciéndose unos a otros: ¿Qué quiere decir esto?
13 Mas otros, burlándose, decían: Están llenos de mosto.
14 Entonces Pedro, poniéndose en pie con los once, alzó la voz y les habló diciendo: Varones judíos, y todos los que habitáis en Jerusalén, esto os sea notorio, y oíd mis palabras.
15 Porque éstos no están ebrios, como vosotros suponéis, puesto que es la hora tercera del día.
*16 Mas **esto es lo dicho por el profeta Joel**:*
*17 Y en los postreros días, dice Dios, **Derramaré de mi Espíritu** sobre toda carne, Y vuestros hijos y vuestras hijas profetizarán; Vuestros jóvenes **verán visiones**, Y vuestros ancianos **soñarán sueños**;*

18 Y de cierto sobre mis siervos y sobre mis siervas en aquellos días Derramaré de mi Espíritu, y profetizarán.

-- Del Léxico Griego de Thayer

Sueño OT:2493 - un sueño es un vehículo de revelación.

Visión OT:2384 - una visión es un oráculo de profecía, una comunicación divina.[1]

-- Del Nuevo Diccionario Escolar Webster

Visión es concebir, visionar, realizar, imaginar, ideas fuera de este mundo.

Sueño es una fantasía, no es real, un sueño propone un plan imposible (para el hombre) de funcionar.[2]

- **La visión siempre precederá y moverá el cambio.**

Los visionarios mueven el cambio. Esto es verdad con respecto a los grandes avances en los campos de medicina, tecnología, aviación, etc. Esto es verdad también en el reino de Dios.

El cambio resulta de nuestros sueños y visiones porque ellos nos transportan a lugares donde nunca hemos estado. Sin el cambio, no habría cumplimiento de nuestros sueños. Debemos manejar el cambio y dejar que nos maneje a nosotros. El cambio es una palabra para la gente negativa; pero para la gente positiva, el cambio significa la esperanza de cumplir sus sueños y visiones.

Cuando sugerimos cambio, obviamente excluye cambiar nuestros valores y doctrinas; no debemos perder las preciosas verdades de la Palabra de Dios. Debemos aferrarnos a los valores antiguos mientras estamos alcanzando con nueva visión -- compartiendo viejos valores con nueva visión. Nuestro más grande desafío como Cristianos nacidos de nuevo no es la pérdida de la doctrina y los patrones de justicia, sino la pérdida de la visión. De otra forma, el crecimiento espiritual del individuo y de la iglesia se estanca. Es la voluntad de Dios que crezcamos continuamente y cambiemos para ser más como Él.

- **Una visión o un sueño es el blanco de la fe. Así, sin una visión o sueño es imposible tener fe. Sin fe, es imposible agradar a Dios**

Heb. 11:1, 2, 5, 6
1 Es, pues, la fe la certeza de lo que se espera, la convicción de lo que no se ve.
2 Porque por ella alcanzaron buen testimonio los antiguos.
*5 Por la fe Enoc fue traspuesto para no ver muerte, y no fue hallado, porque lo traspuso Dios; y antes que fuese traspuesto, tuvo testimonio de haber **agradado a Dios**.*
*6 Pero sin fe **es imposible agradar a Dios**; porque es necesario que el que se acerca a Dios crea que le hay, y que es galardonador de los que le buscan.*

- **En nuestro mundo natural -- ver es creer. En cambio, en el mundo espiritual, es lo opuesto; creer es ver (por fe).**

2 Cor. 5:7
7 Porque por fe andamos, no por vista.

2 Cor. 4:18
18 No mirando nosotros las cosas que se ven, sino las que no se ven; pues las cosas que se ven son temporales, pero las que no se ven son eternas.

- **Cuando estamos bajo la influencia del Espíritu Santo, nuestra forma de hablar y nuestras acciones reflejarán las maravillosas obras de Dios.**

Cuando el Espíritu de Dios viene a vivir en nosotros, tendremos visiones y sueños de las maravillas de Dios. Cuando el Espíritu Santo fue derramado la primera vez el día de Pentecostés, ellos hablaron bajo la influencia del Espíritu: *"las maravillas de Dios"*.

Cuando el Espíritu Santo obra en ti, tú vas a:
- Sentir cosas poderosas que Dios quiere hacer.
  - Decir cosas ponderosas que Dios quiere hacer.

   - Ser parte de las cosas ponderosas que Dios está haciendo.

- **El Espíritu Santo no es negativo y cuando una persona está bajo la influencia del Espíritu:**
  - Lo imposible parece posible.
  - Lo invisible se hace visible --
    ver a través de los ojos espirituales.
  - Lo inaudible se hace audible --
    oír con oídos espirituales.
  - El Diablo se ve como un enemigo derrotado --
    porque lo es, en el nombre de Jesús.

El Espíritu Santo nos da más que solo poder para vivir por encima del pecado, una fuente gozo y esperanza del cielo. Joel declaró una verdad que necesitamos comprender -- que bajo la influencia del Espíritu **veremos visiones y soñaremos sueños**. Estos sueños y visiones tendrán que ver con nuestro trabajo en el reino de Dios yendo más allá de nuestra habilidad -- permitido por Su unción y habilidad sobrenatural. ¿Qué es lo que revela tu visión con respecto a tu participación en el reino de Dios -- cuáles son tus sueños?

Necesitamos un bautismo fresco del Espíritu Santo y fuego que traiga visiones y sueños. Los sueños y las visiones afectarán nuestra forma de hablar. Entonces hablaremos sobre la obra de Dios y lo que Dios va a hacer, a nosotros y a través de nosotros. Las conversaciones críticas y negativas no son del Espíritu Santo porque el Espíritu hablará de las maravillas de Dios.

- **Peor que no alcanzar un sueño, es no tener un sueño.**

Prov. 29:18
*18 **Sin profecía el pueblo se desenfrena**; Mas el que guarda la ley es bienaventurado.*
*18 Donde **no hay visión, el pueblo se extravía**; ¡dichosos los que son obedientes a la ley! NVI*

Una de las peores cosas que les puede pasar a los Cristianos y a la iglesia es perder nuestros sueños y visiones. Donde no hay visión, la gente se desenfrena; no han nada que les mantiene en curso. La gente se vuelve floja espiritualmente e indisciplinada. Hay una pérdida de compromiso y sacrificio. Nada es más peligroso que una vida sin sueño.

Una visión o sueño espiritual es una imagen de lo que vamos a ser y hacer en el reino de Dios. Es ver el fin desde el principio; pensar como Dios -- tener la mente de Cristo. Una visión o sueño nos hará ser dirigidos por nuestro futuro en vez que por nuestro pasado.

• **Hay un peligro en no tener un sueño o una visión.**

¿Qué es lo que causa a la gente apartarse, a regresar de esa posición que una vez mantuvieron en Dios, (los deseos de la carne, la vanagloria de la vida, la amargura, etc.)? ¿Qué es lo corta, suspende, disuade, y a veces eventualmente destruye las relaciones con Dios?

• **La causa raíz es un sueño o visión dañados, deteriorados o muertos. Cuando el sueño o la visión muere, la fe muere. Cuando la fe muere, el apartamiento comienza.**

¿Cuál es el indicador de la pérdida de la influencia del Espíritu -- una ausencia de la iglesia, compromiso de la justicia personal, falta de oración o devoción personal, y pérdida del gozo? Estos son todos los síntomas de la desaparición de la influencia del Espíritu. **Pero la causa raíz es la pérdida de un sueño o visión.**

Es imposible vivir una vida victoriosa sin fe -- *"Sin fe es imposible agradar a Dios"*. Nuestra visión o sueño es el objeto que no existe todavía -- el objeto de nuestra fe. La fe es la conexión entre el dónde estamos y el dónde queremos alcanzar nuestra visión, nuestro sueño.

El mayor ataque de satanás a la iglesia es perjudicarnos visualmente, para así destruir nuestro sueño. Debemos pelear la buena batalla de la fe y creer que Dios cumplirá nuestro sueño y visión.

Martin Luther King, Jr. sacudió a una nación y cambió el mundo cuando anunció: "**Yo tengo un sueño**". Resolvámonos a sacudir a nuestro mundo declarando: "**Yo tengo un sueño -- diablo, tú no vas a destruir mi visión ni mi sueño**".

El Ciclo de Vida de Una Visión

- **Un sueño o una visión no se cumple de la noche a la mañana. Usualmente el ciclo de vida incluye un lapso de tiempo entre el sueño y su cumplimiento.**

Las cuatro etapas de un sueño o visión son:
- El **nacimiento**.
- La **muerte**.
- **Alternativas** al cumplimiento (el hombre tratando de hacer que suceda).
- La **resurrección** y **cumplimiento sobrenatural** (Dios hace que suceda).

Refiérete a la Tabla H-22, "El Ciclo de Una Visión" en el Apéndice 1.

La resurrección de la visión depende de nuestra respuesta a la feroz prueba y a la dilación de tiempo durante la muerte de la visión, porque siempre habrá alternativas humanas al cumplimiento sobrenatural. El diablo, un "ángel de luz", nos atacará para que nos rindamos, y perdamos nuestro sueño, o nos engañará para usar nuestra sabiduría y habilidad en lugar de la sabiduría y habilidad sobrenatural de Dios.

¿Qué es lo Que Destruye Un Sueño o Una Visión?

Muchas cosas pueden disolver o destruir un sueño. Dos razones primarias relacionadas son: **circunstancias temporales** y

dilaciones divinas.

Circunstancias Temporales

No permitas que una situación temporal afecte el resto de tu vida. Las pruebas son circunstancias temporales -- *"Después que hayáis padecido un poco de tiempo"*. El fuego del refinador calienta el fuego a un punto de derretimiento para revelar y quitar las impurezas -- no para destruirlo. Esto es tratado en detalle en la Sección II, Capítulo 4.

1 Peter 5:10
*10 Mas el Dios de toda gracia, que nos llamó a su gloria eterna en Jesucristo, **después que hayáis padecido un poco de tiempo**, él mismo os perfeccione, afirme, fortalezca y establezca.*

Sin importar la fuente del problema, cuando nos humillamos a nosotros mismos, algo bueno resulta de ello. Emergeremos más fuertes y con un fundamento más grande. El sol brillará otra vez. La tormenta terminará. Cuando Dios dice que es suficiente, es suficiente -- se acabó.

Jesús se prestó un sepulcro, porque Él no lo necesitaba para la eternidad. Era una circunstancia temporal, porque Él resucitaría del sepulcro en tres días.

¿Habrá algo que estás comprando que deberías estar tomando prestado? No compres ese valle, periodo de incapacidad, o problemas, simplemente tómalos prestados, porque son solo circunstancias temporales.

Dilaciones Divinas

Hay veces cuando parece que la vida se nos cae en pedazos. Aunque estamos viviendo correctamente y orando por el cumplimiento de nuestra visión y sueño, parece que Dios no está haciendo nada para remediar nuestra situación. El tiempo más difícil para confiar en Dios es esperando en Su tiempo. Entre la oración y la respuesta, hay un tiempo entre el sueño y el cumplimiento.

El reloj de Dios difiere del nuestro. Cuando la respuesta no viene en nuestro margen de tiempo, somos propensos a resolverlo a nuestra manera en vez que esperar a Dios. En vez, necesitamos depender en la fe que cree que Dios va a cumplir la visión. Durante la dilación, Dios simplemente nos instruye que esperemos y confiemos en Él.

Lam. 3:25, 26
25 Bueno **es Jehová a los que en él esperan**, *al alma que le busca.*
26 Bueno es **esperar en silencio la salvación de Jehová**.

- **Los personajes de la Biblia que soportaron una dilación divina -- un período de tiempo de espera entre el sueño y el cumplimiento incluyen a: Abraham, José, Moisés, y los discípulos de Jesús.**

Abraham imaginó ser una gran nación, pero su esposa Sara era estéril. Cuando Abraham era muy viejo, Dios le prometió que sería padre. Dos años pasaron, 5 años, 10 años, 15 años pasaron y no había pasado. Abraham tenía 100 años y Sara tenía 90; había una dilación divina. Abraham trató de intervenir y traer el cumplimiento al sueño. Él tomó a Agar, su esclava egipcia, como mujer y nació Ismael. Pero después que Sara había pasado sus días de fertilidad, Dios realizó un milagro y le dio el hijo prometido -- después de una dilación divina larga.

Gen. 17:17
17 Entonces Abraham se postró sobre su rostro, y se rió, y dijo en su corazón: ¿A hombre de cien años ha de nacer hijo? ¿Y Sara, ya de noventa años, ha de concebir?

Gen. 18:13, 14
13 Entonces Jehová dijo a Abraham: ¿Por qué se ha reído Sara diciendo: ¿Será cierto que he de dar a luz siendo ya vieja?
14 ¿Hay para Dios alguna cosa difícil? Al tiempo señalado

volveré a ti, y según el tiempo de la vida, Sara tendrá un hijo.

José, a una edad muy joven, vio una visión de ser un gran líder y un pueblo inclinándose a él. Cuando tenía 17 años, él fue vendido como esclavo, acusado falsamente y echado en la prisión. Aparentemente su sueño estaba muerto. Dios le permitió interpretar sueños para otros. Esto finalmente le llevó a que su sueño fuese cumplido con el paso de la prisión al trono cuando tenía 30 años -- después de un período de 13 años de dilación divina.

Moisés tuvo una visión de sacar al pueblo de Israel de Egipto desde su posición en el palacio real. Pero él tuvo que huir por su vida y se convirtió en pastor de ovejas a las afueras del desierto. Después que su sueño hubiese muerto y hubiese sido sepultado debajo de la arena del desierto, Dios le ascendió como líder para la milagrosa liberación de Israel de Egipto -- después de una dilación divina de más de 40 años.

Los **discípulos** imaginaron ser parte del reino terrenal de Cristo. Pero Jesús fue arrestado y crucificado como un criminal común, su visión murió. Pero entonces amanece la mañana de la resurrección y el nacimiento de la iglesia del Nuevo Testamento y su visión fue resucitada.

En cada grano de trigo, hay potencial para la reproducción. Pero primero debe morir, pudriéndose en la tierra. Entonces la vida fluye desde la muerte y una gran cosecha es segada.

Juan 12:24
*24 De cierto, de cierto os digo, que si el grano de trigo no cae en la tierra y muere, queda solo; **pero si muere, lleva mucho fruto.***

*24 La verdad es que un grano de trigo debe ser plantado en la tierra. A menos que muera quedará solo -- un solo grano. Pero **su muerte producirá** muchos nuevos granos – una abundante **cosecha de nuevas vidas**. NLT*

La circunstancia temporal de la feroz prueba y la espera de la dilación divina para que el sueño acontezca, produce el carácter Cristiano y trae el crecimiento espiritual:

Paciencia   - Aprender a esperar en el tiempo de Dios.

Fe   - Saber lo que Dios finalmente hará, y visualizarlo antes que acontezca. Anticipar que Dios revele Su voluntad aún cuando parece imposible.

Confianza - Sin entender lo que está pasando, confiar en Dios sabiendo que Él nunca se equivoca.

Humildad - Darse cuenta que la habilidad humana no puede hacer que el sueño acontezca y que nuestro gran Dios puede hacer todas las cosas.

La experiencia del nuevo nacimiento, con Dios viniendo a vivir en nosotros, es una experiencia maravillosa y transformadora que trae paz mental, contentamiento y el gozo del Señor. Pero el caminar Cristiano no significa: "vivir felices para siempre", sin problemas, angustias o lágrimas. Como creyentes nacidos de nuevo, no vamos a escapar las feroces pruebas. Lo que nos sostendrá durante estos tiempos difíciles es un sueño o una visión:

- Creer lo que Dios va a hacer por nosotros y a través de nosotros.
- Más importantemente, una visión del cielo y nuestra recompensa rica y eterna.

Refiérete a la Tabla C-2, "Crecimiento Espiritual - Visión", en el Apéndice 1.

El motivo correcto para el crecimiento espiritual es llegar a ser más eficaz en los negocios del Padre -- ministrando las necesidades de los demás, movidos por un puro amor por Dios.

3. El Motivo Correcto para el Crecimiento Espiritual

Para que el crecimiento espiritual sea realizado en la vida de un Cristiano, tiene que haber el motivo correcto -- uno bíblico. El crecimiento espiritual inicial de un nuevo convertido debe enfocarse en los fundamentos fundamentales:
- Llegar a estar enraizado y plantado en la sana doctrina.
- Aprender cómo crucificar al hombre carnal identificando y quitando los impedimentos al hombre espiritual.
- Desarrollar un amor por la Palabra de Dios a través de un consistente hábito de estudio diario.
- Desarrollar un amor por la oración como parte de la devoción diaria; aprender a oír y seguir la voz del Espíritu.
- Aprender cómo adorar a dios en palabra y en hecho -- caminar en las sendas de justicia.

La Biblia se refiere a los Cristianos nacidos de nuevo como: *"niños recién nacidos"* que necesitan leche comparados con un adulto que puede comer carne. El apóstol Pablo se refiere a esto en sus escritos:

1 Pedro 2:2
2 Desead, como niños recién nacidos, la leche espiritual no

53

adulterada, para que por ella crezcáis para salvación.

Heb. 5:12-14
*12 Porque **debiendo ser ya maestros**, después de tanto tiempo, tenéis necesidad de que se os vuelva a enseñar cuáles son los primeros rudimentos de las palabras de Dios; y habéis llegado a ser tales que tenéis necesidad de leche, y no de alimento sólido.*
13 Y todo aquel que participa de la leche es inexperto en la palabra de justicia, porque es niño;
14 Pero el alimento sólido es para los que han alcanzado madurez, para los que por el uso tienen los sentidos ejercitados en el discernimiento del bien y del mal.

Más adelante, el apóstol Pablo declara que hay un tiempo cuando los Cristianos deberían avanzar de los principios básicos para llegar a ser espiritualmente maduros. Mientras esto pasa, el Cristiano estará más enfocado hacia el exterior -- preocupado sobre las necesidades de los demás y de la obra de los negocios del Padre.

Heb. 6:1
1 Por tanto, dejando ya los rudimentos de la doctrina de Cristo, vamos adelante a la perfección; no echando otra vez el fundamento del arrepentimiento de obras muertas, de la fe en Dios.

*1 Por tanto, **sigamos adelante** dejando el estado de enseñanzas y doctrina elementales de Cristo (el Mesías), avanzando firmemente hacia la llenura y perfección que pertenecen a **la madurez espiritual**. AMP*

El Nuevo Cristiano Vs. El Cristiano Maduro

Cristiano Recién Nacido (Niño)	Cristiano Maduro (Adulto)
Enfocado en el interior - por sobrevivencia	Enfocado en el exterior - por avivamiento
Nutrición para niños - leche	Nutrición para adultos - alimento sólido (carne)
Necesita ser enseñado	Necesita estar enseñando
Retiene lo que recibe	Se involucra y usa lo que recibe para ayudar a los demás

El Porqué los Cristianos No Alcanzan La Madurez Espiritual

Cuando los Cristianos no alcanzan la madurez espiritual, hay tres razones básicas del por qué:

1. **No hay suficiente profundidad en su fundamento del Espíritu y la verdad para sobrevivir.**

2. **Fracaso al proteger y retener las ganancias espirituales.**

Ciclos repetidos de vida Cristiana inconsistente resultan en:
- Pérdida de las ganancias espirituales.
- Altibajos espirituales.
- Tiempos de fidelidad seguidos por la infidelidad en la asistencia a la iglesia, en la devoción personal y el servicio Cristiano.

Debemos recordar que estamos en una batalla. La palabra de Dios claramente describe que estamos en una batalla por nuestro bienestar y nuestra vida espirituales. Satanás tratará de destruir cada mejora espiritual, cada ganancia espiritual, cada nueva consagración y cada compromiso.

Al mismo tiempo, debemos pelear *"la buena batalla de la fe y aferrarnos a la vida eterna"*. Debemos ejercer la espada del Espíritu y pelear para vivir una vida Cristiana consistente con ciclos de edificar y retener, edificar y retener -- protegiendo los asuntos invaluables de la vida eterna.

Apo. 3:11
11 He aquí, yo vengo pronto; **retén lo que tienes**, *para que ninguno tome tu corona.*

3. **Enfocarse solo en los principios bíblicos fundamentales de la salvación mientras permanecen enfocados en el interior sobre su propio bienestar espiritual.**

La vida Cristiana entonces se convierte en un seguro de incendios, para escapar de las llamas del infierno. Las acciones son movidas por el temor y no por un puro amor por Dios. Este enfoque ego centrado resultará en:
   - Voluntad propia vs. la voluntad de Dios.
   - Maneras propias vs. las maneras de Dios.
   - Amor propio vs. el amor de Dios por los demás.
   - Justicia propia vs. la justicia de Dios.

Si esto continua, el crecimiento espiritual se estancará mientras que las acciones serán movidas por la justicia propia; no la justicia de Dios. Los escribas y fariseos del tiempo de Jesús eran fieles, pero movidos por los motivos incorrectos:
   - Ir a la casa de Dios -- amar la casa de Dios pero no al Dios de la casa.
   - Leer la palabra de Dios -- amar la palabra de Dios pero no al Dios de la palabra.
   - Oración -- buscar Sus manos por las necesidades sin buscar Su corazón por Su voluntad.
   - Ayunar -- por razones egoístas y orgullosas para impresionar a los demás.
   - Dar diezmos y ofrendas por deber.

Si todo lo de arriba **no** es motivado por un puro amor por Dios y un amor por los demás, el resultado será convertirse en **religioso** (auto justificado) y no **espiritual**. Esto es tratado en más detalle en la Sección 1, Capítulo 5: "Resumen de Madurez Espiritual".

El Único Motivo Puro es el Amor Puro por Dios

- **El motivo correcto para el crecimiento espiritual es llegar a ser más eficaz en los negocios del Padre -- ministrar las necesidades de los demás, movido por un puro amor por Dios**

-- De "El Hombre Espiritual" de Watchman Nee

A medida que el creyente va por su camino espiritual, gradualmente comienza a darse cuenta que, vivir para sí mismo es un pecado, sí, el mayor pecado de su vida. Vivir para sí mismo es como un grano de trigo que habiendo caído en la tierra se niega a morir y, por tanto, queda solo. Buscar la llenura del Espíritu Santo para ser una poderosa persona espiritual es solamente para agradarse a sí misma, para hacerse feliz a sí misma. Porque si viviese exclusivamente para Dios y Su obra este creyente no consideraría su felicidad o sentimiento personales. Ciertamente entendería el significado de la espiritualidad. Pero en el fondo de su corazón alberga más bien un narcisismo del alma.

La vida espiritual es por la obra espiritual, la obra espiritual expresa la vida espiritual. El secreto de ese tipo de vida yace en el incesante **fluir de esa vida a los demás**. La comida espiritual de un creyente no es ni más ni menos que **cumplir la obra de Dios** (Juan 4:34). **La comida espiritual es simplemente hacer Su voluntad**. La preocupación por el alimento personal causa carencia, donde el estar preocupado con el reino de Dios trae satisfacción. El que está ocupado con los negocios del

Padre y no son sus propios se encontrará a si mismo perpetuamente satisfecho.

La manera para retener lo que él posee es **involucrarlo**. Enterrarlo bajo tierra es una manera segura de perderlo. Cuando un creyente permite la vida en su espíritu fluir libremente, él no solamente ganará a los demás sino que también se ganará a sí mismo. Uno gana al **perderse a sí mismo por los demás** y no por acaparar para sí mismo. La vida dentro de un hombre espiritual debe ser soltada al realizar la **labor espiritual**.

Si el ser interior de uno está siempre abierto y libre, la vida de Dios fluirá desde él hacia la salvación y la edificación de muchos. El momento en que el ejercer espiritual cesa, en ese momento la vida espiritual es bloqueada. Sin importar la ocupación terrenal que tenga el creyente, se le da una porción de trabajo por Dios también.[1]

Orar, ayunar y estudiar la Palabra simplemente para ser una persona espiritual poderosa, es solo parte del plan de Dios. Un Cristiano viviendo solamente para sí mismo se vuelve estancado porque resulta en la voluntad del hombre contra la voluntad de Dios y el amor del hombre contra el amor de Dios. Estar preocupados por nuestro bienestar espiritual solamente es egoísta, y eventualmente resultará en una carencia espiritual en nuestras vidas.

Refiérete a la Tabla C-15: "Amor -- El Puente Al Crecimiento Espiritual", en el Apéndice 1.

El estudio de la palabra de Dios solamente trae conocimiento, pero combinado con el Espíritu a través de la oración, traerá revelación. Esta revelación debería incluir nuevo entendimiento hacia la palabra de Dios y proveer una comprensión de cómo se aplica a nuestras vidas en la vida y servicio Cristianos diarios y prácticos -- cumpliendo la voluntad y el propósito de Dios.

4. *Profundidad de la Relación*

Siete generaciones después de Adán, vivió un hombre que disfrutó una caminata cercana con Dios. Génesis registró que Enoc caminó con Dios en una manera tal que agradó a Dios. Su caminar cercano a Dios era tal que él se convirtió en el primer hombre que pasase de lado la muerte y fuese traspuesto de la tierra al cielo.

Gen. 5:24
24 Caminó, pues, Enoc con Dios, y desapareció, porque le llevó Dios.

Heb. 11:5
5 Por la fe Enoc fue traspuesto para no ver muerte, y no fue hallado, porque lo traspuso Dios; y antes que fuese traspuesto, tuvo testimonio de haber agradado a Dios.

Estamos nosotros, también, interesados en ser traspuestos de esta tierra al cielo igual que Enoc. Pronto habrá una trasposición masiva de los que tienen una caminata cercana con Dios. Para estar en ese número, debemos continuar caminando cercanos a Dios -- moviéndonos hacia una relación más profunda con Él.

Cuarenta y nueve libros después en la Biblia, (varios miles de años después de Enoc), el apóstol Pablo estaba todavía escribiendo acerca de una caminata cercana con Dios. Sus instrucciones eran que confiáramos en el Señor, permitiendo que las raíces crezcan profundamente.

Col. 2:6, 7
6 Por tanto, de la manera que habéis recibido al Señor Jesucristo, andad en él;
*7 **Arraigados y sobreedificados en él, y confirmados en la fe**, así como habéis sido enseñados, abundando en acciones de gracias.*

6 Y de la manera en que confiasteis en Cristo para salvaros, confiad en él, también, para los problemas diarios; vivid en una unión vital con él.
*7 **Que vuestras raíces crezcan profundamente en él y obtengáis alimento de él. Ved que crecéis en el Señor, y os hacéis fuertes y vigorosos en la verdad** que os ha sido enseñada. Que vuestras vidas rebosen de gozo y agradecimiento por todo lo que él ha hecho. TLB*

Es importante entender más completamente lo que significa una más cercana caminata con Dios, y descubrir lo que está disponible para los que buscan crecimiento espiritual. Las sagradas escrituras contienen muchos escritos prometiendo una caminata más cercana con Dios y ejemplos de gente que escogen esa senda invicta.

Este viejo himno describe un tema deseable para nuestras vidas:

"Una caminata más cercana contigo,
Permíteme, Jesús, te pido,
Andar a diario contigo,
Es lo único de Ti, Jesús, que pido"[1]

En el reino de Dios, la ley espiritual de la gravedad descarta una posición estacionaria. Las leyes naturales y espirituales de la gravedad son muy similares -- ninguna permite una posición estacionaria. O estamos presionando hacia adelante o estamos saliéndonos de la posición que antes ocupábamos. La única excepción está en el tiempo de la prueba feroz cuando nos metemos en una posición de sobrevivencia hasta que la tormenta haya pasado. Cuando los alpinistas escalan, ellos no se cansan hasta que su meta es conseguida. Nosotros, también, deberíamos constantemente movernos hacia arriba, teniendo en mente progresar hasta alcanzar la montaña.

4.1 Creciendo en Gracia

La escritura describe una caminata con Dios creciendo en gracia y andando hacia la perfección. El apóstol Pablo escribe acerca de esto en:

Heb. 6:1, 2
1 Dejemos de volver al mismo terreno una y otra vez, siempre enseñando esas primeras lecciones acerca de Cristo. Sigamos, más bien, a las otras cosas y seamos maduros en nuestro entendimiento, como corresponde a cristianos fuertes. Sin duda, no necesitamos hablar más acerca de la insensatez de tratar de ser salvos siendo buenos, o acerca de la necesidad de la fe en Dios;
2 Vosotros no necesitan más instrucción acerca del bautismo y los dones espirituales y la resurrección de los muertos y del juicio eterno. TLB

*1 Por tanto, dejando ya los rudimentos de la doctrina de Cristo, vamos adelante a la perfección; no echando otra vez el fundamento del **arrepentimiento** de obras muertas, de la **fe** en Dios,*
*2 de la doctrina de **bautismos**, de la **imposición de manos**, de la **resurrección de los muertos** y del **juicio eterno**.*

-- Del Comentario de Matthew Henry

Tenemos aquí el asesoramiento del apóstol a los Hebreos -- que ellos crezcan desde un estado de infancia a la plenitud de la estatura del hombre nuevo en Cristo. Observa aquí, con el fin de su crecimiento, los Cristianos deben abandonar los principios de la doctrina de Cristo.

¿Cómo deben dejarlos? Ellos no deben perderlos, no deben despreciarlos, ellos no deben olvidarlos. Deben establecerlos en sus corazones, y ponerlos como el fundamento de toda su profesión y la expectativa, pero no deben descansar y permanecer en ellos, no deben estar siempre estableciendo las bases, deben continuar, y construir sobre ellas. Debe haber una superestructura, porque la fundación se establece a propósito para soportar al edificio.[2]

El apóstol Pablo menciona seis principios que son los **fundamentos de la fe Cristiana.** Ellos deben estar bien establecidos al principio, y luego edificar sobre ellos:

1. Arrepentimiento

El arrepentimiento es la decisión de volver de las acciones que llevaban a la muerte. Es el cambio interno de la mente y el cambio externo de la dirección. Es un principio fundamental, el cual no debe ser puesto otra vez, aunque debemos renovar nuestro arrepentimiento a diario. *"Os digo: No; antes si no os **arrepentís**, todos pereceréis igualmente." (Lucas 13:3).*

2. Fe en Dios

Esta es una creencia firme en la existencia de un Dios, de Su naturaleza, perfección y atributos (omnipotente, omnisciente, omnipresente). *"Un Señor, una fe, un bautismo, un Dios y Padre de todos, el cual es sobre todos, y por todos, y en todos." (Efe. 4:5-6)*

3. Doctrina de Bautismos

Este es el bautismo en agua en el nombre de Jesucristo para perdón de los pecados (nacido del agua) y el bautismo del Espíritu Santo (nacido del Espíritu). *"Respondió Jesús: De cierto, de cierto te digo, que el que no **naciere de agua y del Espíritu**, no puede entrar en el reino de Dios." (Juan 3:5). "Porque Juan ciertamente **bautizó con agua**, mas vosotros seréis **bautizados***

con el Espíritu Santo *dentro de no muchos días." (Hechos 1:5).*
La obediencia a este mandamiento es registrada en: *Hechos 2:38;
10:44-48; 8:14-18; 9:17-18; 19:2-6.*

4. La Imposición de las Manos
Esto fue ejemplificado por la iglesia primitiva en la imposición de
las manos cuando oraban por la gente para que recibiese el
Espíritu Santo *(Hechos 8:14-18)* y para recibir sanidad: *"¿Está
alguno enfermo entre vosotros? Llame a los ancianos de la
iglesia, y oren por él, ungiéndole con aceite en el nombre del
Señor" (Santiago 5:14).*

5. La Resurrección de lo Muertos
La esperanza del Cristiano es la resurrección para vida eterna. *Si
en esta vida solamente esperamos en Cristo, somos los más
dignos de conmiseración de todos los hombres. Mas ahora Cristo
ha resucitado de los muertos; primicias de los que durmieron es
hecho (1 Cor. 15:19, 20). En un momento, en un abrir y cerrar
de ojos, a la final trompeta; porque se tocará la trompeta, y los
muertos serán resucitados incorruptibles, y nosotros seremos
transformados (1 Cor. 15:52).*

6. El Juicio Eterno
Debemos pararnos ante el tribunal de Cristo y recibir nuestras
Justas recompensas -- los malos al juicio eterno; los justos a la
vida eterna. *Porque es necesario que todos nosotros
comparezcamos ante el tribunal de Cristo, para que cada uno
reciba según lo que haya hecho mientras estaba en el cuerpo, sea
bueno o sea malo (2 Cor. 5:10).*

Al tratar con incrédulos y nuevos creyentes, debemos identificar y
explicar estos principios fundamentales. Pero en este escrito a los
hebreos, el apóstol Pablo está retando a los santos maduros a que
vayan a la perfección.

Todos nosotros amamos el fundamento, el apoyo necesario, pero
continuemos edificando sobre nuestro hombre espiritual para

tener una caminata más cercana con Dios. Las riquezas de Dios son ilimitadas, infinitas, y inconmensurablemente profundas.

El apóstol Pablo declara este concepto en su carta a los romanos:

Rom. 11:33
*33 ¡Oh profundidad de las riquezas de la sabiduría y de la ciencia de Dios! ¡Cuán **insondables** son sus juicios, e inescrutables sus caminos!*

Nuestra relación con Dios debería incluir caminar en Sus sendas y hablar acerca de Su verdad y bondad. Debería ser una continuada búsqueda y alcance de las riquezas de Su reino.

Resumen de los Escritos de Pablo Acerca del Crecimiento Espiritual

Heb. 6:1	- Ir a la perfección.
1 Cor. 9:25	- Luchar por el dominio, templado en todas las cosas. - Correr la carrera. - Pelear la Buena batalla de la fe. - Traer el cuerpo a la sujeción.
Heb. 12:1	- Dejar a un lado los pecados y el peso, corriendo pacientemente la carrera.
Fil. 1:9	- Abundar más y más en conocimiento y discernimiento.
Fil. 1:11	- Ser llenados con frutos de justicia.
Fil. 3:14	- No habiéndolo alcanzado, pero buscando llegar a la meta.
Col. 1:10	- Incrementando en el conocimiento de Dios.
1 Tes. 3:10	- Perfeccionando nuestra fe.
1 Tes. 3:12	- Incrementando y abundando en nuestro amor.
2 Tes. 1:3	- Fe creciendo abundantemente y el amor abundando.
Efe. 3:18	- Ser llenados con toda la plenitude de Dios.
Rom. 11:33	- Alcanzar la profundidad de las riquezas tanto de la sabiduría y el conocimiento de Dios.
2 Pedro 3:18	- Crecer en gracia, y en el conocimiento de nuestro Señor y Salvador, Jesucristo.

El apóstol Pablo advirtió a los Cristianos que continuaran creciendo, andando y moviéndose hacia adelante. Después de todo, Pablo todavía desea: *"Conocerle, y el poder de su resurrección, y la participación de sus padecimientos, llegando a ser semejante a él en su muerte."*

Otra verdad concerniente a una caminata más cercana con Dios es repetida numerosas veces en las escrituras. Niveles progresivos de relación (círculos y círculos interiores) existen con Dios y están disponibles para los que tienen un celo por más. Los siguientes son ejemplos -- uno del Nuevo Testamento y uno del Antiguo Testamento.

4.2 Cuatro Niveles de Relación - Los Doce Discípulos

Durante el ministerio de Cristo, cuatro círculos y círculos interiores de relación con Él son demostrados con los 12 discípulos escogidos. Refiérete a la Tabla F-4, "Llevando el Círculo Interior Hacia lo Sobrenatural", en el Apéndice 1.

Multitudes grandes Le seguían a diario. La mayoría estaban en el círculo exterior, pero muchos estaban al margen solo para ver Sus milagros.

En los 12 discípulos escogidos hay cuatro círculos de relación:

1. Juan (El Círculo Más Interior)
- Él se sentó más cerca de Jesús en la mesa, *Juan 21:20 ... El discípulo a quien amaba Jesús, el mismo que en la cena se había recostado al lado de él.*

- Cinco veces en las escrituras, se le describe como: *"El discípulo a quien amaba Jesús."*

- El único discípulo que se paró junto a Jesús en la cruz.

- El único discípulo a quien Jesús le confió el cuidado de Su madre en el momento de Su muerte en la cruz.

- El único escogido para ver y escribir sobre la revelación de Jesucristo.

2. Pedro, Jacobo y Juan (El Círculo Interior)

- Jesús tomó a estos tres con Él al monte para orar, revelando Su gloria cuando fue transfigurado.

Lucas 9:28, 29
28 Aconteció como ocho días después de estas palabras, que tomó a Pedro, a Juan y a Jacobo, y subió al monte a orar.
29 Y entre tanto que oraba, la apariencia de su rostro se hizo otra, y su vestido blanco y resplandeciente.

Mateo 17:2
2 Y se transfiguró delante de ellos, y resplandeció su rostro como el sol, y sus vestidos se hicieron blancos como la luz.

- En ocasiones especiales de sanidad y resurrección de muertos, Jesús tomó a estos tres: Marcos 5:37 *Y no permitió que le siguiese nadie sino Pedro, Jacobo, y Juan hermano de Jacobo.*

- A veces solo estos tres se encontraban con Jesús y Él les enseñaba: Marcos 13:3 *Y se sentó en el monte de los Olivos, frente al templo. Y Pedro, Jacobo, Juan y Andrés le preguntaron aparte: 4 Dinos, ¿cuándo serán estas cosas? ¿Y qué señal habrá cuando todas estas cosas hayan de cumplirse?*

- En el huerto de Getsemaní, Jesús les llevó un poco más adentro que a los demás: *Marcos 14:32 Vinieron, pues, a un lugar que se llama Getsemaní, y dijo a sus discípulos: Sentaos aquí, entre tanto que yo oro. 33 Y tomó consigo a Pedro, a Jacobo y a Juan, y comenzó a entristecerse y a angustiarse.*

3. Los Otros Ocho Discípulos

- Todos estos hombres obedecieron el ultimo mandamiento de Jesús: *Lucas 24:49 "...pero quedaos vosotros en la ciudad de Jerusalén, hasta que seáis investidos de poder desde lo alto." Hechos 1:12 "Entonces volvieron a Jerusalén desde el monte que se llama del Olivar, el cual está cerca de*

Jerusalén, camino de un día de reposo. 13 Y entrados,
subieron al aposento alto, donde moraban Pedro y Jacobo,
Juan, Andrés, Felipe, Tomás, Bartolomé, Mateo, Jacobo hijo
de Alfeo, Simón el Zelote y Judas hermano de Jacobo."

- Todos esperaron en el aposento alto y estaban presentes
  cuando el Espíritu Santo fue derramado en el día de
  Pentecostés.

- Todos se convirtieron en hombres grandes, que se movieron
  hacia el círculo más cercano, sus ministerios impactando el
  mundo y llegaron a ser mártires por el evangelio de Cristo.

4. Judas (El Círculo Exterior)
- Él traicionó a Jesús.
- El primer discípulo en morir (suicidio).
- Perdió tanto su vida física como la eterna.

Judas recibió el más alto llamamiento cuando fue escogido como
uno de los doce discípulos. Él fue invitado junto con los demás a
Su grupo cercano de amigos. Él tenía el favor de Jesús y tenía el
privilegio de ser parte de Su ministerio. Él comió pan milagroso
con Jesús cuando los panes fueron multiplicados. Pero Judas no
respondió a este gran privilegio o a la invitación a una relación
más cercana con Jesús. Él tenía prioridades egoístas y permaneció
al borde en el círculo más exterior.

En la última cena, Jesús lavó los pies de Judas' y le dio: *"el pan*
remojado", en Su último intento de alcanzarle. Judas rechazó
este último gesto de amor. Inmediatamente satanás entró en él; él
salió y era de noche. Él cambió la luz del mundo por las tinieblas
de un reino maligno. Después de darse cuenta de su terrible error,
él se colgó a sí mismo.

Un verso que da más que pensar describe este trágico evento
precediendo al evento más emocionante en la historia -- el
nacimiento de la iglesia el día de Pentecostés:

Hechos 1:17, 20
17 Y era contado con nosotros, y tenía parte en este ministerio.
20 Porque está escrito en el libro de los Salmos: Sea hecha desierta su habitación, Y no haya quien more en ella; y: **Tome otro su oficio.**

- **Cuanto más cercana la relación con Dios, mayor será la revelación de Dios.**

Es evidente que Pedro, Jacobo y Juan disfrutaron una relación más cercana con Jesús durante Su ministerio terrenal que los otros discípulos. Ellos participaron en un tiempo único de enseñanzas y oración a solas con Jesús. Ellos fueron los únicos en atestiguar la revelación de Jesús en Su gloria cuando fue transfigurado ante ellos -- la brillante luz que resplandecía de Él.

También, es aparente que, después que Juan atestiguara la transfiguración, algo cambió dramáticamente en su relación con Jesús. Después de aquel acontecimiento, él era llamado por los demás discípulos: *"El discípulo a quien Jesús amaba".* Ciertamente Jesús amaba a los otros discípulos, pero el lazo especial de Juan era más fuerte que de los demás en ese tiempo.

Cuando Dios escogió quién pintaría las últimas pinceladas del Nuevo Testamento, el privilegiado en registrar la Revelación de Jesucristo, Él escogió a Juan, el que estaba más cerca a Él en relación. Para este entonces, los otros discípulos habían impactado su mundo grandemente con su dedicación a Jesucristo y murieron como mártires. Había un intento de matar a Juan hirviéndolo en aceite, pero fue milagrosamente librado.

Para entonces, Juan tenía aproximadamente 80 años. Después de todo su amor, sacrificio y sufrimiento por Jesucristo, lógicamente, él debería haber vivido sus últimos días como un respetado apóstol en paz. Pero Dios designó una tarea más para Juan -- una que le transportó, como prisionero, a Patmos, una remota isla solitaria.

No hay barreras que pueden prevenir o disminuir la relación de una persona con Jesús. Juan estaba en el Espíritu en el día del Señor; nadie más estaba alrededor -- tan solo Jesús y Juan.

Apo. 1:10, 12-16
10 Yo estaba en el Espíritu en el día del Señor, y oí detrás de mí una gran voz como de trompeta,
12 Y me volví para ver la voz que hablaba conmigo; y vuelto, vi siete candeleros de oro,
13 Y en medio de los siete candeleros, a uno semejante al Hijo del Hombre, vestido de una ropa que llegaba hasta los pies, y ceñido por el pecho con un cinto de oro.
14 Su cabeza y sus cabellos eran blancos como blanca lana, como nieve; sus ojos como llama de fuego;
15 Y sus pies semejantes al bronce bruñido, refulgente como en un horno; y su voz como estruendo de muchas aguas.
16 Tenía en su diestra siete estrellas; de su boca salía una espada aguda de dos filos; y su rostro era como el sol cuando resplandece en su fuerza.

Juan no vio a Jesús como le había visto en Su ministerio terrenal -- como el humilde pastor o el ensangrentado y sufrido Salvador. En esta revelación, él vio a **Jesús como el león de la tribu de Judá en todo Su poder y majestad; como el Rey de reyes y Señor de señores.**

- **Si vamos a experimentar una mayor revelación de Jesucristo, nosotros, también, debemos desarrollar una relación más profunda con Él.**

Este encuentro especial solo ocurrirá cuando nosotros, como Juan, dejemos el ajetreo de las distracciones de la vida y escalemos la montaña de la oración a solas con Jesús. Esto requerirá un sacrificio de nuestro tiempo, y un cambio de nuestras prioridades y agendas. El escenario será un aislamiento sin distracciones, donde tendremos:

- Una nueva revelación de Jesús en Su belleza y gloria hasta que Él sea elevado al centro mismo de nuestra vida, mientras que todas las otras prioridades se desvanecen en el fondo.
- Una revelación de nosotros mismos, de quién somos ahora y lo que Él quiere que seamos en Su propósito eterno.
- Una revelación de Su voluntad comparada con la nuestra; Su amor comparado con el nuestro.

Cuando hemos experimentado este encuentro con Jesús, Su luz estará brillando a través de nosotros, afectando nuestro mundo oscuro y herido. Estaremos sentados en lugares celestiales y estaremos cantando la canción de los redimidos registrada en el libro del Apocalipsis.

- *La bendición y la gloria y la sabiduría y la acción de gracias y la honra y el poder y la fortaleza, sean a nuestro Dios por los siglos de los siglos. Amén.*
- *¡Aleluya! Salvación y honra y gloria y poder son del Señor Dios nuestro.*
- *¡Aleluya, porque el Señor nuestro Dios Todopoderoso reina!* (No solo reina sobre el universo, sino gobierna y reina en mi vida).

4.3 Cuatro Niveles de Agua

El Espíritu de Dios es referido como agua en muchos versículos en la Escritura:

Isa. 12:3
3 Sacaréis con gozo aguas de las fuentes de la salvación.

Isa. 44:3
3 Porque yo derramaré aguas sobre el sequedal,... mi Espíritu derramaré sobre tu generación

Isa. 55:1
1 A todos los sedientos: Venid a las aguas; y los que no tienen dinero...

Juan 4:14
14 Mas el que bebiere del agua que yo le daré, no tendrá sed jamás; sino que el agua que yo le daré será en él una fuente de agua que salte para vida eterna.

Juan 7:37, 39
37 En el último y gran día de la fiesta, Jesús se puso en pie y alzó la voz, diciendo: Si alguno tiene sed, venga a mí y beba.
39 Esto dijo del Espíritu que habían de recibir los que creyesen en él;...

Ezequiel 47 trata con cuatro niveles de agua procediendo de la casa de Dios: agua hasta los tobillos, agua hasta la rodilla, agua hasta los lomos, y agua por encima de la cabeza para nadar.

Ezeq. 47:1, 3-5
1 Me hizo volver luego a la entrada de la casa; y he aquí aguas que salían de debajo del umbral de la casa hacia el oriente; porque la fachada de la casa estaba al oriente, y las aguas descendían de debajo, hacia el lado derecho de la casa, al sur del altar.
*3 Y salió el varón hacia el oriente, llevando un cordel en su mano; y midió mil codos, y me hizo pasar por las **aguas hasta los tobillos.***
*4 Midió otros mil, y me hizo pasar por las **aguas hasta las rodillas**. Midió luego otros mil, y me hizo pasar por las **aguas hasta los lomos.***
*5 Midió otros mil, y era ya un río que yo no podía pasar, porque **las aguas habían crecido** de manera que el río **no se podía pasar sino a nado.***

Aunque este texto es del Antiguo Testamento, hay una aplicación espiritual para que nosotros examinemos los niveles y profundidades disponibles de relación con Dios.

1. Agua Hasta los Pies

Con agua hasta los tobillos tu caminar es afectado. La senda que tomas y los lugares a los que vas son diferentes que en tierra seca. Pero una experiencia superficial puede ser peligrosa, porque está demasiado cerca a la ribera (el mundo); es demasiado fácil volver a la orilla.

Agua hasta los tobillos describe una caminata inestable e inconsistente; parte del viaje es afectado por el agua (Espíritu) y parte es afectada por la tierra (mundo).

2. Agua Hasta las Rodillas

Esta profundidad afecta nuestro estilo en una manera más grande. Refleja un compromiso más grande y más alejado del mundo. Afecta a nuestras rodillas; doblamos nuestras rodillas en una vida de oración más consistente, caminando más cerca de Dios.

3. Agua Hasta los Lomos

Este nivel más profundo es donde vivir por Dios se hace más emocionante. Dejamos de pensar en los lugares a los que no podemos ir o las cosas que no podemos hacer. No hemos rendido nada comparado a lo que Él da a cambio. Hemos intercambiado la maldición del pecado y la muerte por salvación y vida eterna. Él nos ha dado esplendor por ceniza *(Isa. 61:3)*.

- **¿Cómo puedes comparar el rendir cosas en tu reino por cosas en Su reino? Lo eterno y lo temporal no están en el mismo nivel; no están en el mismo mundo.**

Cuando estamos en aguas espirituales hasta los lomos, esto se nos mete a lo más profundo de nuestro ser. Se mete dentro de nosotros, y se convierte en parte de nosotros. Tenemos algo para Él -- tenemos que contárselo a alguien. Jeremías lo describió así: *"Entonces tu palabra en mi interior se convierte en un fuego que devora, que me cala hasta los huesos. Trato de contenerla, pero no puedo."*

4. Agua para Nadar en Ella

En este nivel estamos en las aguas profundas donde las corrientes del Espíritu nos harán perder el control de nuestra vida permitiéndole a Él tener todo el control. Sabemos que él es **primero** y que Él sabe que Él es el **primero** en nuestra vida. Él es Señor de nuestra vida y tiene **preeminencia** en cada área.

Col. 1:18
*18 Y él es la cabeza del cuerpo que es la iglesia, él que es el principio, el primogénito de entre los muertos, para que en todo tenga la **preeminencia** (**primer lugar***).*

En este nivel, somos uno con Él. Inmersos en Su voluntad, estamos buscando Su poder sobrenatural. Estamos orando y deseando los mejores dones para ser usados para librar, salvar y sanar a los demás. Estamos buscando las profundidades infinitas de Cristo. Podemos bucear hasta la profundidad de 6 metros (20 ft) o nos ponemos nuestro engranaje de buceo espiritual y buceamos hasta las profundidades.

Podemos escoger profundidad hasta los tobillos, hasta las rodillas o las profundidades infinitas del reino de Dios. El único límite es nuestra pasión y hambre por Dios.

En la iglesia de Jesucristo hay círculos, círculos interiores y varias profundidades de relación con Dios que podemos obtener. Podemos permanecer pasivamente en una zona de comodidad o avanzar hacia nuevos niveles.

- **Es muy importante el nivel o el círculo de la relación donde nos identificamos a nosotros mismos. Pero más importantemente, es la dirección a la que estamos mirando o la dirección hacia la que estamos yendo.**

Es mejor estar en el círculo exterior dirigiéndonos hacia el círculo interior de la relación con Él que estar yendo en la otra dirección. Debemos tener cuidado de hacia dónde miramos, porque es donde pronto iremos. El Obispo James Kilgore ha dicho muchas veces:

"Si tu corazón no está en ello, pronto tu cuerpo se juntará con tu corazón ahí afuera, en algún lugar lejos de Dios y de la iglesia."

4.4 Círculos Interiores y Exteriores en la Iglesia Hoy

Resumidos aquí están solo el **nivel medio (mantenimiento)** y los extremos -- el **círculo más exterior** y el **círculo más interior**:

- **El Círculo Más Exterior (La Carne Gobierna)**
  - El área perimetral alrededor de la iglesia donde la gente no se vive completamente por las enseñanzas de la Biblia
  - Los lugares a los que ellos van y las cosas que ellos hacen son inconsistentes con la vida Cristiana.
  - Limitada devoción personal de oración y la Palabra.
  - El motivo para la asistencia a la iglesia es acallar su conciencia o para visitar a su familia y amigos.
  - Buscan una zona de comodidad, tratando simultáneamente ser parte de la iglesia y parte del mundo.
  - Otras cosas (trabajos, entretenimiento, pasatiempos, etc.) han reemplazado a Dios como el primero en sus vidas.

- **El Nivel de Mantenimiento (El Alma Gobierna)**
  - Fidelidad a la casa de Dios en asistencia y ofrendas.
  - Devoción personal de oración y la Palabra.
  - Enfocado hacia adentro (buscando sus propias bendiciones); no involucrándose en el evangelismo personal con compasión y cuidados para los demás necesitados.
  - No lucha con el pecado pero **consigo mismo** (la **voluntad**, la **mente** y las **emociones**):
    - Su voluntad vs. la voluntad de Dios.
    - Su mente (maneras) vs. la mente (maneras) de Dios.
    - Su amor (emociones e intereses) vs. El amor de Dios.

- **El Círculo o Nivel Más Interior (El Espíritu Gobierna)**
  - Dios puesto como la más alta autoridad.

- Busca los caminos de Dios, deseando hacer Su perfecta voluntad.
- Consumido con el propósito y la obra de Dios.
- Involucrado en el ministerio de *Marcos 16:17*: *"Estas señales seguirán a los que creen."*
- Orar y vivir en el Espíritu.
- Buscar la unción (habilidad divina) para operar como hijo de Dios en lo sobrenatural -- para alcanzar eficazmente a las almas perdidas.
- Estar dispuesto a soportar el sacrificio y la abnegación; rindiendo todo para estar más cerca de Él; estando dispuesto a ir dondequiera para cumplir Su perfecta voluntad.

Refiérete a la Tabla C-14, "Moviéndose de Un Cristiano Movido Por el Mantenimiento Hacia un Cristiano Movido por la Cosecha", en el Apéndice 1.

Nuestra generación perdida y herida solo será librada por el poder sobrenatural de Dios obrando a través de los que están viviendo en el círculo más interior. Los dones del Espíritu están sentándose como gigantes cajas de herramientas en el lugar santísimo (el círculo más interior), esperando ser usadas por los que desean ser usados como hijos de Dios. No solo una decisión de una vez, esto es una decisión continua de sacrificio y purificación en nuevos niveles y profundidades. Nuevos niveles de relación con Dios requieren más sacrificio y pureza.

Los sacrificios iniciales que hicimos como nuevos convertidos son muy pequeños en comparación con los sacrificios que Él requiere de los que buscan el círculo más interior.

- **Los sacrificios que Dios requiere de los que quieren morar en el lugar santísimo hace que los que hicimos inicialmente para separarnos del mundo parezcan extremamente pequeñas.**

4.5 Influencia de Nuestra Profundidad de Relación

Nuestra elección de la profundidad que busquemos, no solo nos afectará a nosotros, sino también a nuestros hijos, familia y otros bajo nuestra influencia.

Entre las decisiones más importantes está el círculo de relación con Dios que escogemos. Lo más probable es que ese círculo es el que escogerán nuestros hijos y nuestra familia. También afectará a los demás que están observando nuestras vidas.

Dios está llamando a la cabeza de la casa para ser sacerdote en su hogar. No permitas que nada entre en la vida de tus hijos que mantendrá a Jesús fuera de sus corazones. Establece el tema espiritual y los patrones en tu hogar -- mata a los gigantes. Si la cabeza del hogar tiene una caminata cercana con Dios y busca las cosas profundas de Dios, de la misma manera, su familia alcanzará las cosas profundas de Dios. Sin embargo, si la cabeza del hogar está en el círculo exterior influenciará negativamente a sus hijos y su familia.

Debemos edificar un hogar en un fundamento que no se derrumbará con las tormentas de la vida. La cosa más gratificante y duradera que podemos hacer es edificar a la gente y el primer lugar para comenzar es con nuestra pareja e hijos. El mayor reto en la vida es ser una influencia piadosa para la salvación de tu familia. Aún cuando tus hijos son adultos, continúa siendo el líder espiritual para ellos y para tus nietos.

Parte de tu responsabilidad es asegurarte que la justicia y la verdad son transmitidas a la siguiente generación. Tú puedes ser un peldaño o una piedra de tropiezo para tus hijos y la próxima generación. Tú estás enlazado a tu pareja, tus hijos, y otros miembros familiares, como un equipo de alpinismo y tú eres el líder. Si tú fallas en caminar en las profundidades de Dios, tu familia será afectada adversamente. Si te descuidas y caes, esto afectará adversamente a todos ellos. Ellos dependen de ti para ser el líder espiritual, el sacerdote, en tu hogar.

Es terriblemente desgarrador atestiguar las inconsistencias de tu propia vida repetidas en tus hijos. Pero cuán gratificante y satisfactorio es ver a tus hijos siguiendo tu buen modelo.

Mientras nos acercamos al fin del tiempo, es necesario para nosotros que hagamos inventario y evaluemos dónde nos estamos parando en nuestro caminar con Dios, y en nuestro crecimiento espiritual. Necesitamos asegurarnos que no estamos viviendo en negación de Su pronta venida. Debemos asegurarnos que nuestras acciones al servirle a Él son consistentes con las demandas del tiempo del fin. Si no permitimos que la velocidad de Su Espíritu nos motive y nos mueva hacia adelante, nos **deslizaremos** fuera de donde una vez estábamos.

Heb. 2:1
*1 Por tanto, es necesario que con más diligencia atendamos a las cosas que hemos oído, no sea que nos **deslicemos**.*

*1 Por eso es necesario que prestemos más atención a lo que hemos oído, no sea que **perdamos el rumbo**. NVI*

Periódicamente deberíamos escalar una montaña en el Espíritu, y reflejar las bendiciones y victorias pasadas. Entonces deberíamos mirar hacia adelante hacia las alturas, profundidades y victorias potenciales, disponibles a los que están dispuestos a sacrificar, purificar y buscar los sueños y visiones que Él nos ha dado.
Mientras nos acercamos a la pronta venida de Jesucristo, hagámonos dos preguntas:

1. Señor, ¿cuánto tiempo nos queda?
Si nos aplicamos a nosotros mismos en el estudio y la oración, Él nos dará un entendimiento de los tiempos, y una advertencia de los eventos futuros.

2. Señor, ¿qué quieres que yo haga?
Esta es la segunda pregunta que el apóstol Pablo hizo cuando cayó al suelo en el camino a Damasco. Su primera pregunta fue: "¿Quién eres, Señor?"

Como los hijos de Isacar, deberíamos orar por un entendimiento de los tiempos y saber qué debemos hacer:
De los hijos de Isacar, doscientos principales, entendidos en los tiempos, y que sabían lo que Israel debía hacer, cuyo dicho seguían todos sus hermanos. (1 Cron. 12:32)

4.6 Nuestras Metas para Una Relación Más Profunda

En tanto que nos acercamos al tiempo del fin, establezcamos algunas metas para tener una caminata más cercana con Dios:

- Movernos más profundo en nuestra relación con Él -- al círculo más interior.
- Ser líderes espirituales en nuestras familias.
- Pasar más tiempo en las cosas eternas y menos en las temporales.
- Ser más espiritual, menos carnal.
- Pasar más tiempo de calidad en oración.
- Buscar más de la sabiduría de Dios.
- Exhibir el fruto del Espíritu más abundantemente.
- Ministrar amor y compasión a los necesitados.
- Sacrificar y purificar más.
- Adquirir la actitud de un siervo, *"Señor, ¿qué quieres que yo haga?"*
- Conocerle en el poder de Su resurrección y la participación de sus padecimientos.

La gloria inefable espera a los que van a un nuevo nivel y una nueva caminata con Dios:

- Abraham - no se asombró con la promesa de Dios. Él se convirtió en el padre de los fieles.

79

- José - venció la adversidad, preservando a una nación.
- David - venció el desdén de los hermanos; la amenaza del gigante y obtuvo la Victoria (*sirvió a su generación según la voluntad de Dios*).
- Pablo - venció peligros, azotes, hambre, persecuciones -- entonces sacudió al mundo conocido por Jesucristo.
- Diez espías vinieron al perímetro exterior de la tierra prometida y rechazaron entrar, causando a una generación morir en el desierto.

- **En estos últimos días, Dios desea llevarnos a un Nuevo territorio -- en lo sobrenatural y la restauración del ministerio apostólico del primer siglo.**

5. Resumen de Madurez Espiritual
- Impartición y Compromiso

Impartición

La impartición es lo que recibimos a través de nuestra relación con Dios. El volumen 1 concierne a nuestra **relación** con Dios. La Sección 1, capítulo 4 de este volumen, trata con la profundidad de nuestra relación con Dios.

Compromiso

El compromiso es una participación activa en el reino de Dios, ministrando a la gente en necesidad. Esto es **dominio** en el campo de cosecha y en el campo de batalla -- las dos categorías de los negocios del Padre. Llegamos a conocer a alguien haciendo transacciones de negocios con ellos. Llegaremos a conocer a nuestro Padre celestial mejor si somos compañeros con Él en las transacciones de Sus negocios. El Volumen 2 habla sobre nuestro papel de dominio -- hacer la voluntad y la obra de Dios.

La madurez espiritual nunca será alcanzada por un Cristiano que meramente recibe y nunca da. La fórmula para el Ciclo de madurez espiritual es:

Impartición + Compromiso = Crecimiento Espiritual

Impartición + Compromiso = Crecimiento Espiritual

Impartición Lo que recibimos a través de nuestra relación con Dios	Compromiso Lo que damos cuando ministramos a los necesitados
Derecho a los negocios del Padre	Experimentar los negocios del Padre
(Dan. 11:32) El pueblo que conoce a su Dios	Se esforzará y actuará.
Los dos mandamientos: Amarás a Dios con todo tu corazón.	Amarás a tu prójimo como a ti mismo.
Conocer a Cristo - Pasión por Dios	Hacer a Cristo conocido - Compasión por las almas perdidas
Proposito para el quintuple ministerio: *(Efe. 4:11, 12)* - Perfeccionar a los santos	- Preparar a los santos para el Ministerio
Dios busca dos cosas: - Adoradores *(Juan 4:23, 24)*	- Intercesores *(Isa. 59:16)*
La invitación de Jesús: - Venid a Mí.	El mandato de Jesús: - Id y ministrad las necesidades de los demás.
El hombre necesita la ayuda de Dios: *Sal. 121:1 Alzaré mis ojos a los montes; ¿De dónde vendrá mi socorro?*	Dios necesita la ayuda del hombre: *Juec. 5:23 Maldecid a Meroz, dijo el ángel de Jehová; Maldecid severamente a sus moradores, Porque no vinieron al socorro de Jehová, Al socorro de Jehová contra los fuertes.*

Ciclo Continuo de Cambio

La conversión puede ser vista como una **luz directa** con cuatro pasos secuenciales que pueden acontecer en un día:

(1) Creer + (2) Arrepentimiento + (3) Bautismo + (4) Recibir el Espíritu Santo = Conversión

Pero el crecimiento espiritual debe ser visto como un **círculo**, un proceso de una vida entera -- **ciclos repetidos de cambio continuo y crecimiento**. Como discípulos de Jesucristo, somos llamados a una vida de constante renovación, avivamiento, cambio y crecimiento según vamos asumiendo más de la naturaleza y carácter del Maestro.

Refiérete a las siguientes tablas en el Apéndice 1 que resumen conceptos para el Ciclo espiritual de madurez:

Tabla C-16 "Hombre y las Plantas - Ciclo de Vida y Balance".
Tabla C-17 "Crecimiento Espiritual - Ciclo de Vida y Balance".
Tabla C-18 "El Desequilibrio Detiene el Crecimiento Espiritual".

Refiérete a las Tablas A-10, A-10a, y C-1 hasta C- 20 en el Volumen Suplementario.

Crecimiento Espiritual y lo Sobrenatural

Un **encuentro** y **compromiso** con las fuerzas opositoras de satanás, y la enfermedad, **suelta poder** desde lo sobrenatural.

Impartición + Encuentro y Compromiso = Liberación de Poder para los Milagros

Esto es tratado en el **Volumen IV: "Compañerismo Ilimitado Con un Dios Sobrenatural"**

II.

Crecimiento Espiritual - Dominio Sobre el Pecado y Sobre el Ego

1 Cor. 6:19

¡O ignoráis que vuestro cuerpo es templo del Espíritu Santo, el cual está en vosotros, el cual tenéis de Dios, y que no sois vuestros!

2 Cor. 6:16

Porque vosotros sois el templo del Dios viviente, como Dios dijo: Habitaré y andaré entre ellos, y seré su Dios, y ellos serán mi pueblo.

1. El Tabernáculo de Dios

El primer tabernáculo donde Dios escogió morar entre Su pueblo era el tabernáculo de Moisés en el desierto. Dios mandó a Moisés que pusiese el tabernáculo en el centro mismo del campamento, con cada tienda hacia él. Cuando ellos levantaban las solapas de sus tiendas cada mañana, la primera cosa que ellos veían era la columna de nube sosteniéndose en el aire sobre el tabernáculo. Dios deseaba estar cerca de Su pueblo escogido, ocupando el centro mismo de sus vidas. Él desea lo mismo hoy.

Este tabernáculo consistía de tres habitaciones -- el atrio exterior, el lugar santo y el lugar santísimo. El lugar santísimo estaba separado y protegido por un velo grande y grueso que fue rasgado (roto) en el mismo momento en que Jesucristo murió en la cruz.

- **Con la muerte y derramamiento de sangre de Cristo, los pecados del hombre podían ser perdonados y la humanidad podía ahora acercarse a la deidad más allá del velo.**

Heb. 10:19, 20
19 Así que, hermanos, mediante la sangre de Jesús, tenemos plena libertad para entrar en el Lugar Santísimo,

20 por el camino nuevo y vivo que él nos ha abierto a través de la cortina, es decir, a través de su cuerpo. BAD

El Tabernáculo o Lugar de Morada de Dios Hoy en Día

Después del calvario, Dios ha escogido morar en el tabernáculo del hombre. Como en el tabernáculo de Moisés, el tabernáculo del hombre tiene tres habitaciones o partes, el cuerpo (atrio exterior), el alma (atrio interior o lugar santo), y el espíritu (lugar santísimo).

Refiérete a las siguientes tablas en el Apéndice 1:
- D-1 El Plano del Tabernáculo – Antiguo Testamento / Nuevo Testamento
- D-4 El Modelo Cuerpo / Alma / Espíritu

2 Cor. 6:16, 17
*16 **Porque vosotros sois el templo del Dios viviente**, como Dios dijo: Habitaré y andaré entre ellos, Y seré su Dios, Y ellos serán mi pueblo.*
17 Por lo cual, Salid de en medio de ellos, y apartaos, dice el Señor, Y no toquéis lo inmundo; Y yo os recibiré.

1 Cor. 6:19, 20
*19 ¿O ignoráis que **vuestro cuerpo es templo del Espíritu Santo**, el cual está en vosotros, el cual tenéis de Dios, y que no sois vuestros?*
*20 Porque habéis sido comprados por precio; **glorificad, pues, a Dios en vuestro cuerpo y en vuestro espíritu**, los cuales son de Dios.*

- **El hombre complete está compuesto de tres partes: espíritu, alma y cuerpo.**

1 Tes. 5:23
*23 Y el mismo Dios de paz os santifique por completo; y todo vuestro ser, **espíritu**, **alma** y **cuerpo**, sea guardado irreprensible para la venida de nuestro Señor Jesucristo.*

1.1 El Cuerpo (Atrio Exterior)

El cuerpo, con sus cinco sentidos de la vista, oído, gusto, olfato y tacto, nos conecta con la tierra, haciéndonos **conscientes del mundo**. Esta estructura física está compuesta de hueso, fibra de carne y nervio, y órganos vitales: cerebro, corazón, pulmones, etc. Es eso lo que comienza a deteriorarse según vamos envejeciendo. El apóstol Pablo nos da esta esperanza que: *"Aunque el hombre exterior perece, el hombre interior es renovado cada día".*

El cuerpo es el caparazón exterior, el tabernáculo del alma. Es comparado al atrio exterior del tabernáculo del Antiguo Testamento.

1.2 El Alma (Lugar Santo)

El alma, el órgano de nuestra personalidad, está hecho de la **voluntad**, la **mente**, y las **emociones**; nos hace **conscientes de nosotros mismos**.

- Las emociones son lo que sentimos.
  - El intelecto es donde pensamos.
    - La voluntad es lo que deseamos y lo que haremos.

Tu alma es tu yo real. Es quien eres -- tu individualidad, personalidad, influencia, intelecto, talentos, habilidades y dones naturales.

El alma da a la vida física (el cuerpo) su uso. La palabra "alma" en el griego es: "vida". En latín, es: "anima", -- lo que anima el cuerpo. El alma, entonces, es aquello que da vida al cuerpo físico:

- El cerebro es inservible sin el intelecto.
- El corazón está frío y una mera bomba muscular de sangre si no hay afecto y amor. El amor hace al corazón latir más rápido en la presencia de un ser querido.

Gen. 2:7
7 Entonces Jehová Dios formó al hombre del polvo de la tierra

*(cuerpo), y sopló en su nariz aliento de vida (espíritu), y fue el hombre un **ser viviente** (alma).*

*7 Formó, pues, Jehová Dios al hombre del polvo de la tierra, y alentó en su nariz soplo de vida; y fué el hombre en **alma viviente**. SRV*

En cuanto el aliento de vida (que creó el espíritu del hombre) entró en contacto con el cuerpo humano, **se produjo el alma**. Por tanto, el alma es la combinación del cuerpo y el espíritu del hombre. La escritura llama al hombre un ser viviente (alma viviente). Jesús dijo que es el espíritu el que da vida. El aliento de vida viene del Señor de la creación. El aliento de Dios produjo un hombre natural de dos partes (cuerpo y alma), y al hombre espiritual (espíritu).

Con el **segundo nacimiento**, el aliento de Dios causa un nacimiento espiritual. El hombre se convierte en una nueva criatura en Cristo con el Espíritu de Dios morando en su espíritu. Con la experiencia del nuevo nacimiento, el hombre recibe un nuevo Espíritu, pero no recibirá su nuevo cuerpo glorificado hasta el rapto o la resurrección.

El alma es la funda externa del Espíritu. Es comparada con el atrio interior o el lugar santo del tabernáculo. El alma es todavía parte del hombre carnal. Ubicada entre dos mundos; lo natural y lo espiritual, el alma es parte de ambos. Conectada a lo natural a través del cuerpo; está conectada a lo espiritual a través del espíritu del hombre.

El hombre fue creado con un alma que posee un **libre albedrío**. Si el alma del hombre obedece a Dios, le permite al espíritu gobernar sobre el alma. Puede suprimir al espíritu y permitir que gobiernen los deseos de la carne. El alma junta al cuerpo y al espíritu. Si uno le permite al Espíritu de Dios gobernar, puede influenciar al alma a someter al cuerpo a la obediencia a Dios.

Refiérete a la Tabla C-4, "El Apetito Carnal vs. El Apetito Espiritual", en el Apéndice 1.

- **El alma con su voluntad, intelecto y emociones es el piloto de nuestro ser. Para que el Espíritu de Dios gobierne nuestra vida, el alma (la voluntad) debe dar su consentimiento.**

El hombre, con su propio poder de voluntad, puede conquistar los pecados de la carne -- dejar las drogas, el alcohol y otros malos hábitos. Pero por sí mismo, no puede hacer cambios significantes en su alma -- su voluntad, su mente y sus emociones. La composición del alma es como software marcado a fuego en un chip de computador -- imposible de cambiar.

- **El mismo poder transformador de Dios que nos libró de los pecados de la carne es necesario para librarnos de nosotros mismos (ego).**

Dios nos da Su Espíritu para proveer el poder para cambiar nuestra alma. *"Es necesario que él crezca y que yo mengüe"*.
- Más de Su voluntad y menos de la mía.
- Más de Sus caminos y menos de los míos.
- Más de Su mente y menos de la mía.
- Más de Su amor y compasión y menos de lo mío.

Cualquier mejora en esta área tratará con tu hambre, deseo y disciplina para permitir al Espíritu cambiar tu "yo real" (tu alma) para ser como Cristo. Esto requiere muerte a uno mismo (ego).

Pecados del Alma

No es e pecado, como a menudo lo definimos (violación de los diez mandamientos) o las obras de la carne (definidas en Gálatas 5:19-21), lo que impide el progreso del Cristiano maduro en el reino de Dios. Después que hemos tratado con la muerte de la carne, otro paso queda. Esa es la **muerte al yo** (nuestra voluntad, mente, y emociones) para poder cumplir el propósito de Dios

- **El Egoísmo, la justicia propia y otros rasgos ego centrados son los pecados más grandes del alma.**

-- Del Nuevo Diccionario Escolar de Webster

Egoista - Obsesionado consigo mismo, demasiado preocupado con el bienestar o interés propios y teniendo poco o nada de interés por los demás.

Santurrón (auto justificado) - Que está lleno o que muestra una convicción de ser moralmente superior, o más justo que los demás; suficientemente virtuoso.[1]

Isa. 64:6
6 Todas nuestras justicias [son] como trapo de inmundicia.

6 Cuando nos vestimos de nuestras ropas de justicia, hallamos que no son más que trapos de inmundicia. TLB

Mat. 5:20
20 Porque os digo que si vuestra justicia no fuere mayor que la de los escribas y fariseos, no entraréis en el reino de los cielos.

- **El cambio de gran avance y el crecimiento espiritual solo ocurrirán a través del dominio sobre uno mismo:**
  auto fomento, ego centrado,
  auto complacente, auto indulgente,
  interesado en sí mismo, amor propio,
  independiente, auto satisfecho,
  basado en sus propios intereses,
  voluntad propia.

El hombre natural nace con una **naturaleza egoísta** y una o más de estos males egocéntricos nos acosarán cada día. Por tanto, debemos morir a diario -- morir a uno mismo.

Mientras morimos al ego y vivimos más por Cristo, llegaremos a ser más cada vez más involucrados en ministrar a las necesidades de los demás, cumpliendo el "mandamiento" **no egoísta** y la más alta ley -- la "ley real".

Gal. 5:14
*14 Porque toda la ley de Dios se resume en **un solo mandamiento**: "Ama a los demás como te amas a ti mismo." BLS*

Santiago 2:8
*8 Si en verdad cumplís la **ley real**, conforme a la Escritura: Amarás a tu prójimo como a ti mismo, bien hacéis.*

El Reto para el Crecimiento Espiritual es el Dominio Sobre Uno Mismo

Auto-fomento	Promover los intereses propios
Auto-engrandecimiento	Hacerse uno mismo más poderoso
Auto-afirmación	Demanda reconocimiento por uno mismo, o insiste sobre sus propios derechos
Seguro de sí mismo	Confianza en la habilidad propia, su talento (vs. la confianza en Dios)
Ego centrado	Ocupado o preocupado solo con los asuntos personales, centrado en sí mismo
Auto-complaciente	Autosuficiente, especialmente en una manera petulante
Vanidad	Opinión demasiado alta de uno mismo
Autoengaño	Engañarse a sí mismo en cuanto a los sentimientos y motives verdaderos
Defensa propia	Defensa de los derechos y acciones de uno mismo
Presunción	Tener o mostrar una opinión exagerada de la importancia de uno
Auto indulgencia	Indulgencia sobre los propios deseos, impulsos, etc.
Interés personal	Exagerada consideración por uno mismo a costa de los demás
Terco	Que obstinadamente se aferra a sus propias opiniones, presuntuoso

El Reto para el Crecimiento Espiritual es el Dominio Sobre Uno Mismo

Autocompasión	Compasión que es autoindulgente o exagerada
Autoproclamado	Proclamado o anunciado por uno mismo
Independiente	Que depende sobre sus propio juicio y sus habilidades
Autosatisfecho	Sentir o moatrar una pedante satisfacción con uno mismo o con los logros propios
Egoísta	Busca promover su propio interés
Auto sirviente	Sirviendo sus propios intereses egoístas, especialmente a expensas de los demás
Autoduficiente	Independiente, que puede resolverselas sin ayuda
Voluntad propia	Persistente en llevar a cabo su propia voluntad y deseos, especialmente cuando están en conflicto con los demás, obstinación, abstinente

El Espíritu Santo nos da poder para dominar el ego:

- Dios nos da Su Espíritu sobre la base de entregar abandonar los pecados de la carne.
- El Espíritu Santo es dado para tener poder para someter y morir sobre uno mismo.
- El Espíritu Santo no es solo un billete al cielo, sino un poderoso agente cambiante para cambiarnos de:
    - Egoístas (nosotros) a servir (otros).
        - Egocéntricos a Cristo céntricos.
            - Auto justificados a justificados por Cristo.

Hechos 1:8
*8 Pero recibiréis **poder, cuando haya venido** sobre vosotros **el Espíritu Santo.***

Rom. 8:14
*14 Porque todos los que son **guiados por el Espíritu de Dios**, éstos son hijos de Dios.*

El Espíritu de Dios Nos Guiará a:

Autoflagelo	Humildad
Autonegación	Sacrificio de nuestros deseos
Auto disciplina	Disciplina para controlar nuestros deseos, acciones y hábitos
Altruismo	Dedicado al bienestar o interés de los demás
Autorechazo	Renunciar a nuestros propios intereses, especialmente por el bien de los demás
Auto respeto	Respeto adecuado para nosotros mismos y nuestro valor como personas
Dominio propio	Auto control
Autorendición	Rendición de uno mismo, nuestra voluntad

Israel - Una Generación Enfocada en Sí Misma

Israel, el pueblo escogido de Dios, salió de Egipto a través del Mar Rojo (librados del pecado), pero no estaba dispuesta a pararse en Su voluntad y propósito para ellos -- conquistar la tierra de Canaán. Dios les dio Sus bendiciones y suplió sus necesidades físicas de comida, agua, cobijo y ropa; pero Él estaba **molesto con ellos por 40 años**. Ellos recibieron Su provisión para sostener al hombre natural, pero les faltaba Su favor. Él fue provocado por ellos.

Heb. 3:10, 17
10 A causa de lo cual me disgusté contra esa generación, Y dije: Siempre andan vagando en su corazón, Y no han conocido mis caminos.
17 ¿Y con quiénes estuvo él disgustado cuarenta años? ¿No fue con los que pecaron, cuyos cuerpos cayeron en el desierto?

Deberíamos desear Su favor, no solo Su provisión, para sostener al hombre exterior.

Jesucristo Nuestro Ejemplo de Auto Rendición
Mat. 26:38, 39, 42, 44
38 Entonces Jesús les dijo: Mi alma está muy triste, hasta la muerte; quedaos aquí, y velad conmigo.
*39 Yendo un poco adelante, se postró sobre su rostro, orando y diciendo: Padre mío, si es posible, pase de mí esta copa; pero **no sea como yo quiero, sino como tú**.*
*42 Otra vez fue, y oró por segunda vez, diciendo: Padre mío, si no puede pasar de mí esta copa sin que yo la beba, **hágase tu voluntad**.*
*44 Y dejándolos, se fue de nuevo, y **oró por tercera vez, diciendo las mismas palabras**.*

- **Si Jesucristo, Dios en carne, luchó contra Su voluntad, ciertamente nuestra mayor lucha debe ser someter nuestra voluntad a la voluntad del Padre.**

1.3 El Espíritu (El Lugar Santísimo)
El espíritu es la parte del hombre que es inmortal y no muere. El espíritu va más allá de la consciencia propia del hombre y por encima de los sentidos de la mente humana. Aquí el hombre se unifica y comuna con Dios. Es nuestro espíritu el que nos conecta al Espíritu de Dios, permitiéndonos estar en comunión con Él. Es por el Espíritu de Dios que mora en nuestro espíritu que discernimos y recibimos revelación de la verdad.

El **espíritu del hombre** está compuesto de **conciencia, comunión** e **intuición**. El espíritu del hombre nos hace **conscientes de Dios**.

-- De "El Hombre Espiritual" de Watchman Nee

La consciencia es el órgano de discernimiento que distingue entre lo correcto y lo incorrecto; no a través de la influencia del conocimiento guardado en la mente sino a través de un juicio espontáneo directo. A menudo el razonamiento justificará cosas que nuestra juzga que están mal. La obra de la consciencia es independiente y directa; no se inclina a las opiniones de fuera. Si un hombre hiciere mal, levantará su voz de acusación.

La intuición es el órgano de sentido del espíritu humano. Es tan diametralmente diferente del sentido físico y del sentido del alma que se le llama intuición. La intuición involucra un sentido directo independiente de cualquier influencia externa. Ese conocimiento que viene a nosotros sin ninguna ayuda de la mente, emociones o volición viene intuitivamente. Nosotros realmente "conocemos" a través de nuestra intuición; nuestra mente meramente nos ayuda a "entender".

La comunión es adorar a Dios. Los órganos del alma son incompetentes para adorar a Dios. Dios no es aprehendido por nuestros pensamientos, sentimientos o intenciones, porque Él puede ser conocido directamente en nuestros espíritus. Nuestra adoración de Dios y las comunicaciones de Dios con nosotros son directamente en el espíritu. Ellas toman lugar en "el hombre interior", no en el alma o el hombre exterior.

Antes que el creyente nace de Nuevo su espíritu llega a estar tan hundido y rodeado por su alma que es imposible distinguir si hay algo emanando del alma o del espíritu. Las funciones del último se han mezclado con las de la anterior. Aún más, el espíritu ha perdido su función primaria hacia Dios; porque está muerto ante Dios.

Todo lo que esta vida posee y todo lo que puede llegar a ser están el ámbito del alma. Si distintamente reconocemos lo que es del alma entonces será más fácil para nosotros más adelante reconocer lo que es espiritual. Será posible dividir lo espiritual de lo del alma.[2]

Es el Espíritu el que está siempre luchando contra la carne y la carne contra el Espíritu -- ambos tratando de obtener el control total.

Gal. 5:16-18
16 Pero yo digo, andad y vivid [habitualmente] en el [Santo] Espíritu [responsables y controlados y guiados por el Espíritu];entonces ciertamente no gratificaréis los deseos y anhelos de la carne (de la naturaleza humana sin Dios).
*17 Porque los **deseos de la carne se oponen al [Santo] Espíritu, y los [deseos] del Espíritu se oponen a la carne (naturaleza humana sin Dios); porque estos son antagonistas el uno al otro [continuamente luchando y en conflicto el uno con el otro],** para que no seáis libres sino prevenidos de hacer lo que deseáis hacer. AMP*
18 ¿Por qué no escogéis ser guiados por el Espíritu y así escapar de las erráticas compulsiones de una existencia dominada por la ley? MSG

El Elemento Que Falta
El cuerpo tiene cinco funciones, el alma tres funciones y el espíritu tres funciones, sumando un total de 11. Aunque algunos números son significativos en la Biblia, el número 11 no lo es. Algo le falta al hombre para hacerle completo.

¿Qué es lo que le falta? Es el Espíritu de Dios viniendo al espíritu del hombre. El apóstol Pablo dice en *Col. 2:10* **"Y vosotros estáis completos en él."** Sin el Espíritu de Dios, el hombre está

incompleto, buscando para siempre algo para llenar el vacío en su espíritu.

Cuando el Espíritu de Dios viene al espíritu del hombre, la luz brilla hacia el tabernáculo oscuro del hombre. El elemento que falta, el Espíritu de Dios, le hace completo (el número 11 cambia al 12, representando plenitud). Doce, un número significativo, es mencionado en la Biblia 187 veces: 12 tribus de Israel, 12 apóstoles, 12 fundamentos y puertas en la Nueva Jerusalén, etc.

Prov. 20:27
27 Lámpara de Jehová es el espíritu del hombre, La cual escudriña lo más profundo del corazón.

Sal. 18:28
28 Tú encenderás mi lámpara; Jehová mi Dios alumbrará mis tinieblas.

- **El Espíritu Santo afectará al alma entera del hombre -- su voluntad, mente y emociones:**

  - **Justicia** - dirección correcta y acciones para la **voluntad.**

    - **Paz** para la **mente.**

      - **Gozo** para las **emociones.**

Rom. 14:17
17 Porque el reino de Dios no es comida ni bebida, (no cosas que agradan a la carne) *sino justicia* (para la **voluntad**)*, paz* (para la **mente**) *y gozo* (para las **emociones**) *en el Espíritu Santo.*

2 Cor. 4:7
7 Pero tenemos este tesoro en vasos de barro, para que la excelencia del poder sea de Dios, y no de nosotros.

No confundas el espíritu del hombre con el Santo Espíritu de Dios. Cuando la escritura se refiere al Espíritu de Dios, se usa una "**E**" mayúscula; cuando se refiere al espíritu del hombre, se usa una "**e**" minúscula.

Rom. 8:16
16 El Espíritu mismo da testimonio a nuestro espíritu, de que somos hijos de Dios.

1.4 Tres Niveles de Vida

Dios desea que el espíritu del hombre (lleno del Espíritu de Dios) sea dominante y controle todo su ser. Sin embargo la voluntad, el elemento crucial, pertenece al alma.

La **primera dimensión** de la obra de Dios es la **liberación del pecado**. Dios nos da Su Espíritu basado en este primer paso. El Espíritu de Dios morando en nuestro espíritu entonces nos da el poder para la **segunda dimensión** de la obra de Dios en nuestras vidas -- **liberación del ego** (nuestra voluntad, mente y emociones).

- **Hay tres niveles de vida para los que han nacido de Nuevo del agua y del Espíritu -- de la carne, del alma y del espíritu.**

1. La carne gobernando como el miembro dominante.
En este nivel hay mínima victoria permanente en la vida del Cristiano. A menudo la renovación del Espíritu de Dios en la vida de uno es perdida pronto debido a la vida carnal. Como las cinco vírgenes insensatas a quienes Jesús describió en Mateo 25, el aceite (Espíritu de Dios) que una vez residía en sus vidas faltó. Como los hijos de Israel, ellos están fuera de Egipto (el mundo) pero no todo Egipto (el mundo) está fuera de ellos. ¿Cuánto tiempo has estado fuera de Egipto? ¿Estás agradándole a Él (haciendo Su voluntad) o le estás contristando (haciendo tu voluntad)?

1 Cor. 3:1-3
*1 Sin embargo, hermanos, yo no pude hablaros como a [hombres] espirituales, sino como a no espirituales [**hombres de la carne, en quienes la naturaleza carnal predomina**], como a meros infantes [en la nueva vida] en Cristo [sin poder caminar*

aún]
2 Os alimenté con leche, no con alimento sólido, porque no erais fuertes todavía [para comerla]; pero aun ahora no sois fuertes [ara recibirla],
3 Porque todavía sois [no espirituales, teniendo la naturaleza] de la carne [bajo el control de los impulsos ordinarios]. Porque mientras [haya] envidia y celos y discusiones y facciones entre vosotros, ¿no sois no espirituales y de la carne, comportándoos según un patrón humano y como meros hombres (sin cambiar)? AMP

2. El alma (voluntad, mente, o emociones) gobernando como el miembro dominante.

En este nivel a la gente le encanta ir a la casa de Dios, a menudo donan de su tiempo y energía a la iglesia. Pero al trabajar por Él, ellos están luchando con la voluntad perfecta de Dios. Mientras están haciendo el bien y las cosas necesarias en la iglesia, a menudo ellos están limitándose solamente a sus habilidades y talentos buscando su **voluntad** vs. Su voluntad. A este nivel con las **emociones gobernando**, su alto espiritual es una experiencia o sentimiento emocional. La **mente está gobernando**, y vivir por Dios es motivado por sus maneras en vez que las maneras de Dios.

-- De "El hombre Espiritual" de Watchman Nee

Los creyentes del alma no están detrás de los demás en el tema de las obras. Ellos son muy activos, celosos, y voluntariosos. Sin embargo, esto no es para decir que ellos trabajan así por el mandato de Dios. Más bien, ellos lo hacen como quieren y según su propio entusiasmo. Ellos piensan que es siempre bueno hacer la obra de Dios, pero ellos no saben que es realmente bueno hacer la obra que Dios les da que hagan. Ellos trabajan según sus propias ideas, esquemas y habilidades. Ellos no tienen un sincero deseo de buscar la **voluntad de Dios**.

La mayoría de los creyentes del alma tienen una gran porción de conocimiento, pero sus experiencias nunca pueden igualar lo que ellos conocen. Porque ellos conocen mucho, ellos también condenan mucho. Así que, criticar a los demás se convierte en una característica de los creyentes del alma. Ellos reciben gracia para tener conocimiento, pero a diferencia de los creyentes del espíritu, ellos no reciben gracia para tener humildad.[2]

3. El Espíritu gobernando como el miembro dominante.

- **Para que el Espíritu gobierne en nuestra vida, debe ser separado de y luego elevado para gobernar al alma (voluntad, mente y emociones).**

La palabra de Dios, la cual es más cortante que toda espada de dos filos, separará el alma (hombre natural) del espíritu (hombre espiritual).

Heb. 4:12
*12 Porque la palabra de Dios es viva y eficaz, y más cortante que toda espada de dos filos; y penetra hasta **partir el alma y el espíritu**, las coyunturas y los tuétanos, y discierne los pensamientos y las intenciones del corazón.*

*12 ... Penetra hasta **la división del alma y del espíritu**. NBLH*

*12 ... **corta** penetrando, hasta **donde el alma y el espíritu se unen**. GNT*

Refiérete al la Tabla Chart D-5, "La Palabra Divide el Alma y El Espíritu", en el Apéndice 1.

Aquel que permite al Espíritu ser elevado por encima del alma alcanzará lo espiritual y tendrá un hambre insaciable de las cosas de Dios. Nuestra hambre mueve nuestra búsqueda; lo que buscamos, es a lo que nos volveremos adictos. Uno puede desear la riqueza y quedarse pobre; uno puede desear salud y quedarse enfermo; pero uno que tiene hambre y sed de justicia será saciado.

La prueba final de la vida espiritual no es lo que pensamos (nuestra mente) o sentimos (nuestras emociones), sino lo que hacemos (nuestra voluntad) para buscar la voluntad de Dios. Cuando estamos en el centro de Su voluntad, Él está en nosotros y nosotros estamos en Él. Tenemos Su Espíritu y Su Espíritu nos tiene a nosotros.

La oración del apóstol Pablo en 1 Tes. 5:23 debería ser nuestra: *"Y el mismo Dios de paz os santifique por completo; y todo vuestro ser, **espíritu, alma y cuerpo**, sea guardado **irreprensible** para la venida de nuestro Señor Jesucristo."*

Irreprensible en Cuerpo:
- Sin deseo o inclinación hacia los deseos carnales.
- Ojos que no ven el mal, oídos que no oyen lo malo, labios que no hablan lo malo y manos que no tocan lo malo.

Irreprensible en Alma:
- **Emociones** que pueden amar a nuestros enemigos y a un mundo perdido. Un amor que nos mueve hacia el sacrificio por el reino de Dios.
- Una **mente** que desea emular a nuestro Padre celestial, deseando conocer Sus caminos. Con hambre no solo por más conocimiento, sino por más revelación de Él.
- Una **voluntad** sumisa, obediente a Su voluntad.
- Un apetito puro del alma, alcanzando las cosas eternas.
- Un deseo por la unción (habilidad divina) vs. nuestra habilidad de hacer la voluntad y la obra de Dios.

Irreprensible en Espíritu:
- Asombro y reverencia por las cosas sagradas de Dios – cuidadosos de no contristar al Espíritu Santo. *Y no contristéis al Espíritu Santo de Dios, con el cual fuisteis sellados para el día de la redención. (Efe. 4:30)*

- Anhelando un nivel más alto de vida espiritual, con acceso a los dones del Espíritu, para cumplir la carga del Señor – buscar y salvar a los perdidos.
- Por fe, buscando más allá de lo temporal, viendo lo invisible, oyendo lo inaudible y creyendo lo imposible.
- Tener una conciencia sin ofensa ante Dios y ante los hombres. *Tener siempre una conciencia sin ofensa ante Dios y ante los hombres. (Hechos 24:16)*
- Tener una conciencia rechazando ser engañada a comprometerse con una mente carnal.
- Orando por las cosas profundas de Dios -- por lo infinito, lo sobrenatural.
- Tener una habilidad creciente para que nuestro espíritu oiga la voz del Espíritu y se comunique con Dios en oración ferviente.

- **Cuando un Cristiano se hace más espiritual, se hace menos tolerante a las cosas del mundo. Contrariamente, cuando un Cristiano se vuelve más carnal, se hace menos tolerante a las cosas del Espíritu.**

Refiérete a la Tabla C-21, "",La tolerancia del hombre carnal contra el hombre espiritual en el Apéndice 1.

- *El acceso complete de Dios a nuestras vidas, para que Su perfecta voluntad sea hecha, debe venir a través del velo del ego (nuestra alma) – voluntad, mente y emociones:*

  - *Nuestra voluntad es lo que hacemos.*
  - *Nuestra mente es lo que pensamos.*
  - *Nuestras emociones son lo que sentimos.*

- *La voluntad de Dios para el hombre es muy poderosa; es el piloto del ser completo:*

  - *Dios no lo invalidará.*
  - *Satanás no puede invalidarlo.*

2. *Ruptura del Velo*

2.1 El Velo del Tabernáculo

Para apreciar la significancia del **velo rasgado**, necesitamos primero entender el significado del velo en sí. El velo era una gruesa cortina de lino que separaba el lugar santo en el tabernáculo del lugar santísimo. Nadie podía entrar al lugar santísimo excepto el sumo sacerdote de Israel. Él podía entrar solo una vez al año con la sangre de un sacrificio por los pecados del pueblo.

El sencillo significado de la cortina de lino era que el viejo pacto no permitía que el hombre se acercase a Dios. Mientras que el primer tabernáculo estaba en pie y el viejo pacto permanecía en vigor, el camino hacia la santa presencia de Dios por el hombre no era posible -- la humanidad no podía acercase a la deidad. Sus pecados no habían sido perdonados -- solo pospuestos cada año.

-- De Autor Desconocido

El Significado de la Ruptura del Velo

La ruptura del velo del templo está llena de significado para el pueblo de Dios del Nuevo pacto. La sacudida radical que acompañó a este evento (Hebreos 12:25-29), así como el evento mismo, es un mensaje maravilloso que la obra redentora de Cristo efectuó mucho más que un mero cambio de administración del sacerdocio dentro de un pacto primordial de gracia. Su palabra redentora era una intervención divina en la historia que inauguró una nueva era; una nueva creación. Los que pertenecen a esta nueva creación son herederos de mejores promesas que son dadas por un nuevo y mejor pacto. El viejo orden ha pasado, y el nuevo orden ha venido para quedarse.[1]

2.2 El Velo del Pecado

Tiene que haber una ruptura del velo del pecado, que niega al hombre el acceso a Dios. El arrepentimiento y darle la espalda al pecado puede acontecer en un día.

Rom. 6:6 Muerte al pecado.
*6 Sabiendo esto, que **nuestro viejo hombre fue crucificado** juntamente con él, para que **el cuerpo del pecado sea destruido**, a fin de que no sirvamos más al pecado.*

Este rasgamiento del velo quita la barrera separadora del pecado. El pecado, después de todo, es el gran separador entre Dios y el hombre. Ese velo de azul, púrpura y fino lino torcido no podía realmente separar al hombre de Dios, porque Él es omnipresente -- no alejado de ninguno de nosotros. El pecado es un muro separando al pecador de su Dios. El pecado cierra la oración, la alabanza y todo tipo de adoración. El pecado hace que Dios se oponga a nosotros porque nuestros caminos son contrarios a los Suyos. Un Dios santo no puede tener compañerismo con un hombre profano.

Pero con la crucifixión de Jesús y Su sangre derramada, es ahora posible que la barrera del pecado sea removida. Los que se han aprovechado de la experiencia del nuevo nacimiento son ahora reyes y sacerdotes con acceso al Espíritu de Dios en el lugar santísimo -- Dios morando en el espíritu del hombre. Tenemos el privilegio de una dulce comunión con un Dios santo. El Espíritu de Dios morando en el espíritu del hombre en compañerismo permite una maravillosa relación -- el hombre y Dios en comunión en el lugar santísimo.

2.3 El Velo del Ego

Tiene que haber una ruptura del velo del ego, el cual limita el acceso de Dios al creyente nacido de nuevo. Esto es un proceso de una vida entera.

Este concepto trata con el Cristiano maduro quien debería ser un guerrero veterano contra los pecados de la carne descritos en los diez mandamientos y las obras de la carne. Se enfoca en el velo del **ego** que evita que Dios obre a través de la vida del Cristiano nacido de nuevo para hacer Su voluntad perfecta.

Joel 2:13, 15, 17
*13 **Rasgad vuestro corazón, y no vuestros vestidos, y convertíos a Jehová vuestro Dios;***
15 Tocad trompeta en Sion, proclamad ayuno, convocad asamblea.
17 Entre la entrada y el altar lloren los sacerdotes ministros de Jehová.

El Espíritu de Dios residiendo en nuestro espíritu nos permite la comunión, la comodidad y la paz. Pero el propósito del Espíritu de Dios en la vida del creyente nacido de nuevo es lograr un trabajo mucho más profundo. Y esa obra es que el poder transformador del Espíritu cambie el alma del hombre -- su voluntad, su mente y sus emociones para ser como las de Cristo.

Según acontece el cambio, el Espíritu de Dios tendrá más acceso y control:
  - **Menos de nuestra voluntad y más de la Suya.**
  - **Menos de nuestra mente y maneras y más de las Suyas.**
  - **Menos de nuestro amor y emociones humanas y más de Su amor y compasión -- amar a nuestros enemigos y a nuestro mundo perdido.**

¿Cómo es que eso acontece? Cuando el velo es rasgado, Cristo puede tener acceso completo para reinar como Rey y Señor en nuestras vidas. Pablo declara que ser crucificado con Él trae muerte al hombre carnal -- no solo muerte al pecado, **sino muerte al ego**. Esto requiere más que simplemente decir "no" al diablo y al pecado, sino **"sí" a la voluntad de Dios**.

- **Tiene que haber una muerte al ego para que Cristo pueda vivir Su voluntad a través de mi vida -- todo de mi por todo de Él.**

Gal. 2:20
20 Con Cristo estoy juntamente crucificado, y ya no vivo yo, mas **vive Cristo en mí**; *y lo que ahora vivo en la carne, lo vivo en la fe del Hijo de Dios, el cual me amó y se entregó a sí mismo por mí.*

2 Cor. 4:10
10 Llevando en el cuerpo siempre por todas partes la muerte de Jesús, **para que también la vida de Jesús se manifieste en nuestros cuerpos.**

10 A través de sufrimientos, estos nuestros cuerpos constantemente comparten la muerte de Jesús para que la **vida de Jesús pueda ser también vista en nuestros cuerpos**. *NLT*

¿Por qué debemos ser crucificados con Él? El velo del alma impide a Dios tener el control de nuestra voluntad, y debe ser rota. Entonces Su Espíritu puede fluir a través de nuestro espíritu para agitar y cambiar a nuestra alma -- permitiéndonos buscar eficazmente Su voluntad y Sus caminos.

Las Obras de Dios de Adentro Hacia Afuera
Dios obra de adentro afuera -- satanás obra de afuera hacia adentro.

2 Cor. 7:1
*1 Así que, amados, puesto que tenemos tales promesas, limpiémonos de toda contaminación de **carne** y de **espíritu**, perfeccionando la santidad en el temor de Dios*

*1 Con promesas como esta que nos empujan, queridos amigos, hagamos una ruptura limpia con todo lo que nos contamina o distrae, **tanto dentro como fuera**. Hagamos que nuestras vidas enteras sean templos santos para la adoración a Dios. MSG*

1 Juan 3:3
3 Y todo aquel que tiene esta esperanza en él, se purifica a sí mismo, así como él es puro.

2 Tim. 2:21
*21 **Así que, si alguno se limpia de estas cosas**, será instrumento para honra, santificado, útil al Señor, y dispuesto para toda buena obra.*

Dios grandemente desea que Su Espíritu llene nuestro espíritu y **se derrame hacia nuestra alma** cambiando nuestra voluntad, mente y emociones:
- Recibimos Su mente -- su sabiduría.
  - Recibimos Su voluntad -- Su dirección.
    - Recibimos Sus emociones -- compasión por la gente con necesidades espirituales y físicas.

Refiérete a las siguientes tablas en el Apéndice 1:
- C-7 La Ruptura del Velo -- Menos de Uno Mismo y Más de Dios
- F-7 Lo Que Impide lo Sobrenatural -- Flujo Hacia vs. Flujo a Través

Según Su Espíritu fluye hacia el hombre exterior, se hace más emocionante porque Él controla todo nuestro ser -- espíritu, alma y cuerpo. Cuando **la naturaleza divina está fluyendo a través de nuestras vidas:**

- Nuestras manos se hacen Sus manos -- sanando a los enfermos.
- Nuestra voz se hace su voz -- hablando Su Palabra.
- Nuestros pies se hacen Sus pies -- andando sobre Sus pasos.
- Nuestros ojos ven la cosecha y las necesidades de los hombres.
- Nuestros oídos oyen el clamor de una generación herida y lo que el Espíritu está diciendo a la iglesia.

- **Nuestra mente es lo que pensamos. Nuestras emociones son lo que sentimos. Nuestra voluntad es lo que hacemos.**

- **La voluntad del hombre es el piloto poderoso de todo nuestro ser. Dios no va a invalidarlo -- satanás no puede invalidarlo.**

- **Cuando estamos completamente en Él en cuarpo, alma y espíritu, estamos en el centro de Sus voluntad. Él está en nosotros y nosotros estamos en Él. Tenemos acceso a Su Espíritu y Su Espíritu tienen acceso a nuestras vidas.**

Si Jesús, como Hijo de hombre, luchó en el huerto contra Su voluntad, esa será también nuestra más grande lucha; porque la voluntad de Dios a menudo es diferente a la del hombre. Debemos orar como Él lo hizo en el huerto de Getsemaní: *"No se haga mi voluntad, sino la tuya".*

Referencia	Hacer la Voluntad de Dios
Mar. 3:35	Porque todo aquel que **hace la voluntad de Dios**, ése es mi hermano, y mi hermana, y mi madre. (Jesús hablando)
Rom. 8:28	Y sabemos que… todas las cosas les ayudan a bien… a los que conforme a **Su propósito** son llamados.
Rom. 12:2	No os conforméis a este siglo, sino transformaos… para que comprobéis cuál sea la buena **voluntad de Dios, agradable y perfecta**.
Efe. 6: 6	Como siervos de Cristo, de corazón **haciendo la voluntad de Dios.**
2 Tim. 1:9	Quien nos salvó y llamó con llamamiento santo… **según el propósito Suyo.**
Col. 4:12	Para que estéis firmes, perfectos y **completos en todo lo que Dios quiere.**
Heb. 10:36	Porque os es necesaria la paciencia, para que habiendo hecho **la voluntad de Dios**, obtengáis la promesa.
Heb. 13:21	Os haga aptos en toda obra buena **para que hagáis su voluntad**, haciendo él en vosotros lo que es agradable delante de él.
1 Pedro 4:2	Para no vivir el tiempo que resta en la carne… sino **conforme a la voluntad de Dios.**
1 Juan 2:17	Y el mundo pasa… pero **el que hace la voluntad de Dios permanece para siempre**.
1 Cor. 6:19, 20	¿O ignoráis que vuestro cuerpo es templo del Espíritu Santo… y que **no sois vuestros**? Porque habéis sido comprados por precio; glorificad, pues, a Dios en vuestro cuerpo y en vuestro espíritu, los cuales son de Dios.

2.4 Nacido para Nacer - Morir para Vivir

El caparazón exterior del hombre, el cuerpo, fue nacido para morir. El hombre interior del alma debe morir para vivir. Si la cáscara del maíz no muere, permanece sin cambio. La vida depende de la muerte.

Estamos en esta tierra por solo unos cuantos años antes que comencemos a morir. Antes que tengamos 70 años, la mano poco amigable del padre tiempo y la madre naturaleza afectarán nuestro oído y nuestra visión. Pero en el reino de Dios, este orden puede ser revertido; en vez de vivir para morir, podemos morir para vivir -- vivir por Cristo.

El ego debe ser quebrantado y permanentemente herido, como Jacob después de su lucha nocturna con el ángel, para poder permitir al Espíritu reinar en nuestra vida.

"Querido Dios, que tengamos un hambre por el cambio, un gran avance de un encuentro del tipo de cambio, donde hay una ruptura del velo del ego (la voluntad, mente y emociones)".

El mismo poder transformador de Dios que nos salvó de un mundo de pecado será requerido para los cambios de gran avance en nuestra alma. Se necesitará una lucha con Dios en oración, posiblemente en medio e la prueba feroz. Y no estaremos orando: "Señor, cambia mi situación", sino más bien: **"Señor, cámbiame a mí"**

Cuando un picador busca a Dios, él debe primero morir a sus pecados de la carne. Esto puede pasar en un día. Pero la ruptura del hombre interior, el alma, es un proceso de una vida entera. **Es necesario que yo mengüe y que Él crezca**:

- Decrecer mi voluntad e incrementar Su voluntad.
  - Decrecer mi amor e incrementar Su amor.
    - Decrecer mis pensamientos e incrementar Sus pensamientos.

Refiérete a la Tabla F-3, "La Senda Hacia lo Sobrenatural -- Él Debe Crecer, yo Debo Menguar", en el Apéndice 1.

Eso es a lo que el apóstol Pablo, el gran misionero de todos los tiempos, se está refiriendo en 1 Cor. 15:31, donde él declara: *"Cada día muero"*. Él no estaba luchando con la muerte al pecado; él estaba luchando con la muerte a sí mismo.

- **Es una elección diaria -- parte de mi por parte de Él o todo de mi por todo de Él.**

2 Cor. 4:10
*10 Llevando en el cuerpo siempre por todas partes la **muerte** de Jesús, para que también la vida de Jesús se manifieste en nuestros cuerpos.*

2 Tim. 2:11
*11 Palabra fiel es esta: Si somos **muertos con él**, también viviremos con él.*

Fil. 3:10
*10 [Porque mi propósito determinado es] conocerle [para progresivamente llegar a estar más profundamente e íntimamente relacionado con Él, percibiendo y reconociendo y entendiendo las maravillas de Su Persona más fuertemente y más claramente], y que pueda de esa manera llegar a conocer el poder que emana de Su resurrección [el cual ejerce sobre los creyentes], y que yo **pueda compartir Sus sufrimientos para ser continuamente transformado** [en espíritu para llegar a ser como Él] aún en Su muerte.   AMP*

El llamamiento de Dios y la voluntad de Dios nos guiarán siempre más allá de donde estamos en nuestra experiencia espiritual.

* * * * *

La voluntad de Dios nunca te llevará donde la gracia de Dios no te protegerá.

* * * * *

¿Estás dispuesto a cambiar? Dios te está llamando a moverte más allá hacia las profundidades de Su reino.

3. Cambiado o Encadenado

Si no hay cambio significativo en nuestra vida periódicamente, quizás necesitamos que algunas cadenas sean rotas y una vez más ser libres para ser cambiados.

- **Como Cristianos nacidos de nuevo somos cambiados o somos encadenados.**

O somos cambiados para cumplir el propósito de Dios para el futuro o encadenados a las limitaciones de nuestro pasado. La elección es nuestra de quedarnos encadenados al pasado o experimentar un encuentro del tipo cambiador, librándonos para experimentar el crecimiento y la victoria espiritual.

- El primer mensaje de cambio fue para nosotros como pecadores que hagamos los cambios requeridos para la experiencia de la salvación. Las cadenas de satanás tenían que ser rotas por el poder transformador de Dios.

- El segundo mensaje de cambio es ahora para nosotros como creyentes que continuemos experimentando el cambio en nuestras vidas para cumplir la voluntad de Dios. Las cadenas del ego deben también ser rotas por el transformador poder de Dios:

  - La voluntad propia vs. la voluntad de Dios.

  - El amor propio vs. el amor de Dios.

  - Nuestros caminos vs. los caminos de Dios.

CRECIMIENTO ESPIRITUAL – DOMINIO SOBRE EL PECADO Y SOBRE EL EGO

La voluntad del padre natural es que su hijo se mueva de etapa en etapa en su vida física y que progrese de grado en grado en su conocimiento. De la misma manera, nuestro Padre celestial quiere para nosotros, como hijos de Dios, que continuemos en el proceso de ser transformados a Su imagen.

Dios milagrosamente rompió las cadenas del Faraón (un tipo de satanás) y de Egipto (un tipo del mundo) que mantuvieron a Israel en esclavitud por cientos de años. Pero, debido a que ellos no podían creer en Dios y no estaban dispuestos a seguirle hacia la tierra prometida, ellos fueron atados a unas **cadenas autoimpuestas**. Estas cadenas les descalificaban del favor de Dios. Esto resultó en la derrota -- dando vueltas por el desierto durante cuarenta años.

Sal. 78:40-43
40 ¡Cuántas veces se rebelaron contra él en el desierto, Lo enojaron en el yermo!
41 Y volvían, y tentaban a Dios, Y provocaban al Santo de Israel.
42 No se acordaron de su mano, Del día que los redimió de la angustia;
43 Cuando puso en Egipto sus señales, Y sus maravillas en el campo de Zoán;

3.1 Cambio Inicial - De Picador a Cristiano

El **primer nivel** de cambio ocurre cuando un pecador es librado de la esclavitud del pecado, rompiendo la relación con el **pecado y el diablo**.

2 Cor. 5:17
17 De modo que si alguno está en Cristo, nueva criatura es; las cosas viejas pasaron; he aquí todas son hechas nuevas.

Efe. 4:22-24
22 En cuanto a la pasada manera de vivir, despojaos del viejo hombre, que está viciado conforme a los deseos engañosos,
*23 Y **renovaos** en el espíritu de vuestra mente,*
*24 Y **vestíos del nuevo hombre**, creado según Dios en la justicia y santidad de la verdad.*

Cuando estuvimos dispuestos a arrepentirnos, a hacer un cambio de corazón, mente, y dirección, Dios milagrosamente nos cambio con Su poder transformador.

3.2 Transformación - Cambio Continuo de Un Cristiano

El siguiente nivel de cambio (cambio continuo) es para el hijo de Dios. Esto viene a través de ser crucificado juntamente con Él -- muerte al hombre carnal. Aquí nos rendimos a Dios y a Su perfecta voluntad. Ya no más concentrándonos en combatir el pecado, nos enfocamos en negarnos a nosotros mismos, el único acercamiento que traerá la paz real y el gozo del Señor a nuestras vidas.

Rom. 12:2
*2 No os conforméis a este siglo, sino **transformaos** por medio de la renovación de vuestro entendimiento, para que comprobéis cuál sea la buena voluntad de Dios, agradable y perfecta.*

*2 No lleguéis a estar tan acomodados a esta cultura que encajáis sin siquiera notarlo. Al contrario, fijad vuestra atención en Dios. Vosotros **seréis cambiado de dentro hacia fuera**. Estad dispuestos a reconocer lo que él quiere para vosotros, y rápidamente responded a ello. A diferencia de la cultura a vuestro alrededor, siempre arrastrándoos hacia su nivel de inmadurez, Dios saca lo mejor de ti, desarrolla una madurez bien formada en ti. MSG*

- **La transformación es un proceso de cambio continuo -- no un cambio de una sola vez.**

Cambiado de Gloria en Gloria

2 Cor. 3:18

*18 Por tanto, nosotros todos, mirando a cara descubierta como en un espejo la gloria del Señor, somos **transformados de gloria en gloria en la misma imagen**, como por el Espíritu del Señor.*

-- De "Nota de Barnes"

[De gloria en gloria] De un grado a otro. "Cuanto más contemplamos esta brillante y gloriosa luz, más reflejamos sus rayos; es decir, cuanto más contemplamos las grandes verdades del Cristiano, más nos imbuimos con Su Espíritu". La idea en la frase es que hay un continuo **incremento de pureza moral y santidad** bajo el evangelio hasta que resulta en la perfecta gloria del cielo. La "doctrina" es que los **Cristianos avancen en su piedad (lealtad y devoción a Dios).**[1]

Dios está por siempre moviéndose "de gloria en gloria". Él quiere que nosotros nos movamos hacia adelante, nunca quedándonos quietos. Aún en los cuarenta años de vagar por el desierto, Él no permitió a los hijos de Israel que se quedaran en un solo lugar. Las columnas de nube y de fuego se mantenían moviendo, obligándolos a viajar.

El mensaje de Dios a Israel en el monte Horeb -- "Habéis estado aquí bastante tiempo".

Deut. 1:5-8

5 De este lado del Jordán, en tierra de Moab, resolvió Moisés declarar esta ley, diciendo:

*6 Jehová nuestro Dios nos habló en Horeb, diciendo: **Habéis estado bastante tiempo en este monte**.*

7 Volveos e id al… río Eufrates.

*8 **Mirad, yo os he entregado la tierra; entrad y poseed la tierra** que Jehová juró a vuestros padres Abraham, Isaac y Jacob, que les daría a ellos y a su descendencia después de ellos.*

El pueblo de Israel estaba en el monte Horeb, llamado el monte de Dios, o monte Sinaí. Cosas maravillosas pasaron aquí:
- En este monte de la revelación, Dios dio la ley.
- Moisés pasó cuarenta períodos de días aquí, su rostro estaba tan resplandeciente que tuvo que ponerse un velo para dirigirse al pueblo.
- Dios habló audiblemente a Israel.

Después, Dios instruyó: **"Habéis estado aquí demasiado tiempo, debéis moveros"**.

Este era un lugar maravilloso de bendición, pero no era la voluntad de Dios que ellos se quedasen allí. Las bendiciones futuras serían experimentadas más adelante en su viaje. Aunque era un gran lugar de revelación y bendición, era simplemente **un punto kilométrico** en su viaje hacia la meta real, la tierra prometida. Como se discutió en el Volumen II, las cosas físicas del Antiguo Testamento simbolizan cosas espirituales en el Nuevo Testamento.

- **El llamamiento de Dios y la voluntad de Dios siempre nos guiarán más allá de donde estamos en nuestra experiencia espiritual. Dios nos ama demasiado para dejarnos sin cambio.**

- **La voluntad de Dios es reveladora, cambiando según continuamos en nuestra vida Cristiana. Él nos revelará Su voluntad para nuestra siguiente tarea mientras continuamos fielmente en nuestra tarea actual.**

- **¿Estás listo para el progreso? Dios te está llamando para que te muevas hacia las profundidades en Su reino.**

Si somos guiados por el Espíritu, le seguiremos hacia nuevas experiencias.

Rom. 8:14
14 Porque todos los que son guiados por el Espíritu de Dios,

éstos son hijos de Dios.

¿A dónde nos llevará el Espíritu como hijos de Dios? Nos llevará a:

- Acciones y manera de vivir piadosas.
- Devoción diaria de oración y de la Palabra.
- Fidelidad a la casa de Dios.
- Una vida de sacrificio y servicio.
- Un caminar espiritual, lejos de lo carnal.
- Una relación más profunda con el Padre.
- El campo de batalla para vencer las obras del diablo.
- Mayor papel de dominio para hacer la voluntad del Padre.
- El campo de cosecha, buscar a los perdidos, ministrar sus necesidades.

El apóstol Pablo anima a los santos en *Hebreos 6:1 "Vamos adelante a la perfección".* Entonces él declara a la iglesia en Éfeso que el ministerio quíntuple es para perfeccionar a los santos:

Efe. 4:11-13
11 Y él mismo constituyó a unos, apóstoles; a otros, profetas; a otros, evangelistas; a otros, pastores y maestros,
*12 A fin de **perfeccionar a los santos** para la obra del ministerio, para la edificación del cuerpo de Cristo,*
*13 **Hasta que todos lleguemos a la unidad de la fe y del conocimiento del Hijo de Dios, a un varón perfecto, a la medida de la estatura de la plenitud de Cristo**.*

3.3 Cadenas Autoimpuestas del Cristiano

Hay muchas cadenas autoimpuestas que evitan el progreso en nuestro caminar Cristiano -- yendo en círculos como el pueblo de Israel. Algunas de estas son:

- Vivir en una zona de comodidad -- no hacer nada malo.
- Limitarnos a nosotros mismos a los talentos naturales (nuestra

122

habilidad vs. la Suya).

- Duda e incredulidad.
- Oración de sobrevivencia propia en lugar de la oración de avivamiento.
- Falta de disposición a seguir Su dirección.
- Demasiado enraizado en la prosperidad del mundo.
- Falta de equilibrio en el uso de nuestro tiempo – nuestro reino vs. el de Dios.
- Limitaciones de nuestro pasado, nublando la visión de futuro.
- Aceptar nuestro status quo, satisfechos con el poco cambio.
- Excluir lo mejor – con las buenas cosas en la vida.

Tibio - Espiritualmente Durmiendo
Apo. 3:15-19
15 Yo conozco tus obras, que ni eres frío ni caliente. ¡Ojalá fueses frío o caliente!
*16 Pero por cuanto eres **tibio**, y no frío ni caliente, te vomitaré de mi boca.*
17 Porque tú dices: Yo soy rico, y me he enriquecido, y de ninguna cosa tengo necesidad; y no sabes que tú eres un desventurado, miserable, pobre, ciego y desnudo.
18 Por tanto, yo te aconsejo que de mí compres oro refinado en fuego, para que seas rico, y vestiduras blancas para vestirte, y que no se descubra la vergüenza de tu desnudez; y unge tus ojos con colirio, para que veas. (Veas tu condición)
19 Yo reprendo y castigo a todos los que amo; sé, pues, celoso, y arrepiéntete.

Para cambiar como santos de Dios debemos estar insatisfechos con dónde estamos. Debemos arrepentirnos por estar sin cambiar demasiado tiempo. Hemos hecho un cambio completo y barredor (180 grados) del mundo a la iglesia cuando llegamos por primera vez a Cristo. De la misma manera, debemos estar dispuestos a abrazar el llamamiento de Dios por un cambio significativo en ser participantes de Su divina naturaleza.

El cambio es difícil y a menudo imposible de efectuar por nosotros mismos:

- El alma humana es como un chip informático de software grabado a fuego -- imposible de cambiar.

- Es la naturaleza humana resistir el cambio. Como criaturas de hábito, la mayoría de la gente hace pocos cambios grandes en sus vidas.

- Ya que nosotros solos no podemos realizar los cambios necesarios, debemos orar y someternos al poder transformador de Jesucristo.

El cambio significativo solo vendrá mientras permitimos a Dios revelar dónde estamos, comparado a dónde Él desea que estemos:

- Job clamó: *"Por tanto me aborrezco, Y me arrepiento en polvo y ceniza."*

- Isaías en el templo: *"¡Ay de mí que soy muerto".*

- El rey David rogando: *"Crea en mí, oh Dios, un corazón limpio, No me eches de delante de ti."*

- El apóstol Pedro en la costa de Galilea: *"Apártate de mí, Señor, porque soy hombre pecador."*

3.4 El Poder de Acoplamiento Impide el Cambio

Mat. 24:37-39
37 Mas como en los días de Noé, así será la venida del Hijo del Hombre.
38 Porque como en los días antes del diluvio estaban comiendo y bebiendo, casándose y dando en casamiento, hasta el día en que Noé entró en el arca,
39 Y no entendieron hasta que vino el diluvio y se los llevó atodos, así será también la venida del Hijo del Hombre.

Habían dos grupos de personas en los días de Noé -- cada uno estaba profundamente involucrado y comprometido. Un tirón gravitacional los mantenía acoplados a los confines de su propio mundo.

- **Una de las señales más espectaculares y milagrosas que Dios ha mostrado a cualquier generación fue cuando Su Espíritu hacía que los animales marcharan hacia el arca.**

Animales viciosos y carnívoros evidentemente se hicieron dóciles. Habría sido imposible para Noé capturar a cada animal -- siete parejas (macho y hembra) de los limpios y una pareja de los impuros. Dios mostró una última señal de advertencia a esa malvada generación. Él dirigió a miles de animales metódicamente de toda dirección, entrando al arca antes que Él cerró la puerta.

Pero a pesar de esta milagrosa señal, ninguna persona hizo ningún cambio. El justo Noé estaba encerrado en el plan de Dios y el arca. Los impíos estaban encerrados en sus planes y su mundo.

- **El Espíritu nos está llamando a romper los acoplamientos al viejo mundo y que nos acoplemos al nuevo mundo (cielo):**

* * * Realizar Allí Nuestros Asuntos Bancarios * * *
Mat. 6:19-21
19 No os hagáis tesoros en la tierra, donde la polilla y el orín corrompen, y donde ladrones minan y hurtan;
20 Sino haceos tesoros en el cielo, donde ni la polilla ni el orín corrompen, y donde ladrones no minan ni hurtan.
21 Porque donde esté vuestro tesoro, allí estará también vuestro corazón.

* * * Edificar Allí Nuestras Casas * * *
Juan 14:2, 3
2 En la casa de mi Padre muchas moradas hay; si así no fuera, yo os lo hubiera dicho; voy, pues, a preparar lugar para vosotros.
3 Y si me fuere y os preparare lugar, vendré otra vez, y os tomaré a mí mismo, para que donde yo estoy, vosotros también estéis.

* * * Tener Nuestros Papeles de Nacionalidad Allí * * *

Fil. 3:20, 21
20 Somos ciudadanos del cielo, donde vive el Señor Jesucristo. Y ansiosamente esperamos que vuelva como nuestro Salvador.
21 Él tomará estos débiles cuerpos mortales y los cambiará a cuerpos gloriosos como el suyo. NLT

* * * Guardar Nuestro Nombre en los Registros Allí * * *

Luc. 10:20
20 Pero no os regocijéis de que los espíritus se os sujetan, sino regocijaos de que vuestros nombres están escritos en los cielos.

* * * Establecer Allí Nuestros Afectos * * *

Col. 3:2, 3
2 Poned la mira en las cosas de arriba, no en las de la tierra.
3 Porque habéis muerto, y vuestra vida está escondida con Cristo en Dios.

3.5 Cambios Significativos para Resultados Sobrenaturales

Hay aquellos descritos en la escritura que hicieron cambios sin precedentes y drásticos para llegar a ser un instrumento en las manos de Dios más que su propia conveniencia, comodidad, seguridad, y aún sus propias vidas.

1. **Noé** - Con temor preparó el arca en que su casa se salvase; y por esa fe condenó al mundo, y fue hecho heredero de la justicia que viene por la fe.

2. **Moisés** - Respondió al llamado de Dios, dispuesto a arriesgar su vida para ser el líder del pueblo de Dios cuando ellos fueron milagrosamente de Egipto.

3. **Abraham** - Obedeció el llamamiento de salir sin saber el destino. Él obedeció a Dios en la gran prueba cuando se le dijo que sacrificase a su hijo, sin saber si es que Dios lo iba a salvar o el cómo. Él se convirtió en el padre de los fieles y de la nación de Israel.

4. **Rahab** - Arriesgó su vida para esconder a los espías. Ella se volvió al Dios de Israel y llegó a ser una tátara-tátara-tátara… abuela de Jesucristo.

5. **Gedeón** - Cambió su ocupación de granjero a capitán de ejército y guió a Israel a una gran victoria.

6. **El rey David** - De pastor a matador de gigantes, él llevó el pueblo de Dios a grandes victorias y se convirtió en rey de Israel; un varón conforme al corazón de Dios.

7. **La reina Ester** - Arriesgó su vida y milagrosamente salvó a una nación.

8. **El apóstol Pablo** - Hizo un cambio radical en un día (de anticristiano a Cristiano intenso). Él fue autor de una gran parte del Nuevo Testamento y conmovió a su mundo por Jesucristo.

- **El cambio significativo en nuestras vidas causará un cambio significativo en nuestro mundo perdido.**

Realizar cambios drásticos como estos hombres y mujeres en la Biblia pueden no haber sido asuntos de cielo o infierno para nosotros -- pero lo son por nuestro mundo perdido. Debido a que solo este tipo de cambio de gran avance puede impulsarnos hacia el nivel sobrenatural requerido para suplir las necesidades de gente desesperadamente perdida y sus imposibles problemas.

El fuego refinador es una parte necesaria del plan de Dios para perfeccionar a los que viven una vida piadosa.

* * * * *

La única manera de detector el espíritu de ofensa en el corazón de uno, es tenerlo revelado por el corazón del fuego del Refinador.

* * * * *

Cuando el ego (la voluntad propia, justicia propia, amor propio, autoconfianza) es aplastado, el martillo estará en las manos de nuestro Hacedor – no solo para quebrantarnos, sino para hacernos más como Él.

4. Agentes de Cambio de Dios
- El Fuego del Refinador y la Cruz

Los dos agentes de cambio de Dios en las Escrituras son el fuego del Refinador y la cruz. El fuego del refinador es mencionado en el Antiguo Testamento y la cruz es descrita en el Nuevo Testamento. Ambos representan el sufrimiento y el dolor que Dios usa para purificar y cambiar nuestras vidas.

Lo que más rompe el corazón de un padre es cuando él usa una mano amorosa de corrección con sus hijos y no hay la respuesta adecuada.

Eso que se rompe en el corazón de nuestro Padre celestial es cuando Él permite las pruebas en la vida de Sus Hijos para quitar las impurezas para perfeccionarlos y no hay una respuesta apropiada.

La mano del alfarero sobre el barro es eficaz cuando hay flexibilidad y humildad en sumisión a Su voluntad. La rueda del alfarero es eficaz solo cuando estamos dispuestos a rendirnos y responder a la presión y a la presencia de la mano del Maestro en nuestras vidas.

Después que una vasija es moldeada en la rueda del alfarero dos fuegos ocurren en el horno. De la misma manera, hay dos hornos para el Cristiano. El primero quita el pecado y el segundo quita el ego (la voluntad propia, el amor propio, los caminos propios contra los caminos de Cristo).

- **Hay un mensaje claro y profundo en la Palabra de Dios que nadie entrará por las puertas del cielo sin haber sido probado.**

4.1 El Equilibrio de Dios - Prueba y Paz

Dios es un Dios de equilibrio -- Él usa las pruebas para iniciar el cambio. El propósito de Dios es traer:

- El fuego del refinador para revelar y quitar las impurezas.
- Muerte por medio de la cruz -- muerte a uno mismo para permitir la vida en Cristo.
- Alineación con Su eternal voluntad -- nos quita de nuestro cerco de rutina y nos impulsa hacia nuestro destino.
- Vida eterna.

La voluntad de Dios trae la tormenta, la prueba y el fuego:

- Pero Su equilibrio es Su paz y propósito.
- El antídoto durante el proceso de la prueba es la paz de Dios. Su paz sobrenatural puede ser probada en las tormentas de la vida solo cuando la paz natural está ausente.

Una profunda fuente refrescante no es hallada en la cima de una montaña. La cima de la montaña es donde celebramos las victorias y reflejamos la poderosa mano liberación de Dios y las lecciones aprendidas. Más bien, estas fuentes refrescantes se hallan en el valle donde el ego muere y Dios vive. Más de Él y menos de mí es el axioma del crecimiento espiritual. Refiérete a la Tabla F-3, "Senda a lo sobrenatural -- "Es Necesario Que Él Crezca y Que Yo Mengüe" en el Apéndice 1.

El tema de la paz de Dios es tratado con más detalle en la Sección III, Capítulo 3: "Oración y la Paz de Dios en la Tormenta".

Refiérete a la siguiente página para la tabla de resumen que describe la mano de equilibrio y comodidad de Dios durante la prueba.

El Fuego del Refinador y la Cruz del Sufrimiento	La Paz de Dios y el Propósito de Dios
El testimonio de prueba y sufrimiento del apóstol Pablo: (2 Cor. 4:7-11).	
- Turbado en cada lado.	- Mas no angustiado.
- Perplejo.	- Mas no desesperado
- Perseguido.	- Mas no olvidado.
- Desechado.	- Mas no destruido.
Sufriendo en una prisión romana.	Él escribe desde la prisión: "Regocijaos en el Señor, otra vez digo: Regocijaos". "La paz de Dios guardará vuestro corazón y vuestra mente."
Sufriendo en azotes, naufragios, peligros, y cárceles.	Estas cosas me han sucedido para el progreso del evangelio. Por vuestra oración y la suministración del Espíritu de Jesucristo, esto resultará en mi liberación. (Fil. 1:12, 19)
El testimonio de prueba y sufrimiento de Job: (Job 5:17-24).	
- Él hace la llaga.	- Él venda.
- Él hiere.	- Sus manos curan.
- Él envía las tribulaciones.	- Él libra.
- Él envía el hambre.	- Él nos salva del hambre.
- Él envía la guerra.	- Él te salva de la muerte.
Job 23:10 Me probará.	Saldré como oro.
El testimonio de prueba y sufrimiento de José: (Gen. 50:20).	
- Vosotros pensásteis mal.	- Dios lo encaminó para bien!
Gen. 49:23 Fue severamente herido por los que le asaetearon y le persiguieron. Sal. 105:18 Cuyos pies fueron heridos con grillos; fue puesto al hierro.	Gen. 49:24 Pero las armas de ellos fueron esparcidas por el Fuerte Jacob. 25 Que el Dios de tus padres, el Omnipotente, te bendiga con bendiciones del cielo arriba y de la tierra abajo... sobre la cabeza de José.

131

4.2 Propósito de los Agentes de Cambio de Dios

El propósito final del fuego del refinador es traernos a la gloria (llevarnos al cielo) y hacernos más eficaces en los negocios del Padre -- ayudando a alguien más a llegar al cielo.

* * * ¿Quién Quiere Entrar en el Reino de Dios? * * *

Hechos 14:22
*22 Confirmando los ánimos de los discípulos, exhortándoles a que permaneciesen en la fe, y diciéndoles: Es necesario que **a través de muchas tribulaciones entremos en el reino de Dios**.*

* * * ¿Quién Quiere ser Amado por Dios? * * *

Heb. 12:2, 6, 10
2 Puestos los ojos en Jesús, el autor y consumador de la fe.
*6 Porque **el Señor al que ama, disciplina, Y azota** a todo el que recibe por hijo.*
10 Y aquéllos (los demás), *ciertamente por pocos días nos disciplinaban como a ellos les parecía, pero éste* (nos castiga) *para lo que nos es provechoso, para que participemos de su santidad.*

* * * ¿Quién Quiere ser Perfeccionado? * * *

1 Pedro 5:10
*10 **Mas el Dios de toda gracia, que nos llamó a su gloria eterna en Jesucristo**, después que hayáis padecido un poco de tiempo, él mismo os **perfeccione, afirme, fortalezca y establezca**.*

* * * ¿Quién Quiere ir al Cielo? * * *

1 Pedro 1:7
*7 Para que sometida **a prueba vuestra fe**, mucho más preciosa que el oro, el cual aunque perecedero **se prueba con fuego**, sea hallada en alabanza, **gloria** y honra **cuando sea manifestado Jesucristo**.*

Apo. 7:13, 14
13 Entonces uno de los ancianos habló, diciéndome: Estos que están vestidos de ropas blancas, ¿quiénes son, y de dónde han venido?
*14 Yo le dije: Señor, tú lo sabes. Y él me dijo: **Estos son los que han salido de la gran tribulación**, y han lavado sus ropas, y las han emblanquecido en la sangre del Cordero.*

* * * ¿Quién Quiere Reinar con Jesucristo? * * *

2 Tim. 2:12
*12 **Si sufrimos, también reinaremos con él**; Si le negáremos, él también nos negará.*

* * * ¿Quién Quiere Compartir Su Gloria? * * *

Rom. 8:17, 18
*17 Si nosotros somos [Sus] hijos, entonces somos [Sus] herederos también: herederos de Dios y coherederos con Cristo [compartiendo Su herencia con Él]; solo **debemos compartir Sus sufrimientos si vamos a compartir Su gloria**.*
*18 ¡Porque considero que los sufrimientos de este tiempo presente (esta vida presente) no son dignos de ser comparados con **la gloria que está a punto de ser revelada a nosotros y en nosotros**!*

1 Pedro 4:12, 13
12 Amados, no os sorprendáis del fuego de prueba que os ha sobrevenido, como si alguna cosa extraña os aconteciese,
*13 **Sino gozaos por cuanto sois participantes de los padecimientos de Cristo, para que también en la revelación de su gloria** os gocéis con gran alegría.*

* * * ¿Quién Quiere Recibir la Corona de Vida? * * *

Santiago 1:12
*12 Bienaventurado el varón que soporta la tentación; **porque***

cuando haya resistido la prueba, recibirá la corona de vida, que Dios ha prometido a los que le aman.

Apo. 2:10
*10 No temas en nada **lo que vas a padecer**. Sé fiel hasta la muerte, y yo te daré **la corona de la vida**.*

4.3 El Fuego del Refinador

El fuego del refinador calienta un valioso metal como el oro hasta un punto de derretimiento, no para destruirlo, sino para revelar y quitar las impurezas. El fuego de prueba y sufrimiento del refinador es el proceso de Dios para purificar a Su pueblo escogido. Job testifica que hay un poder purificador en la aflicción: *"Me probará, y saldré como oro."*

-- De Notas de Barnes

Así como el oro que es probado en el crisol, y que sale más puro, cuanto más intenso es el calor. La aplicación del fuego sirve para separar cada partícula de impureza o aleación, y deja solo el metal puro. Así es cuando las pruebas son aplicadas al amigo de Dios.

(1) Que toda piedad real soportará "alguna" prueba que pueda ser aplicada a ella, como el oro soportará cualquier grado de calor sin ser dañado o destruido.

(2) Que el efecto de todas las pruebas es purificar la piedad, y la hará más brillante y valiosa, como lo es el efecto de aplicar calor intenso al oro.

(3) Hay a menudo mucha aleación en la piedad de un Cristiano, como la hay en el oro, que necesita ser quitada por la feroz prueba de la aflicción. Nada más la quitará sino la prueba, como nada más será tan eficaz para purificar el oro que el intenso calor.

(4) Un Cristiano verdadero no debería temerle a la prueba. No le dañará. Él será más valioso por sus pruebas, como lo es el oro tras la aplicación del fuego. No hay peligro de

destruir la verdadera piedad. Vivirá en la llamas, sobrevivirá al embravecido calor que luego consumirá al mundo.[1]

Zac. 13:9
*9 Y meteré en el **fuego** a la tercera parte, **y los fundiré como se funde la plata, y los probaré como se prueba el oro**. El invocará mi nombre, y yo le oiré, y diré: Pueblo mío; y él dirá: Jehová es mi Dios.*

Sal. 66:10, 12
*10 Porque tú **nos probaste**, oh Dios; **Nos ensayaste como se afina la plata**.*
*12 Pasamos por el **fuego** y por el agua, Y nos sacaste a abundancia.*

Isa. 48:10
*10 He aquí te he purificado, y no como a plata; te he **escogido en horno de aflicción**.*

1 Pedro 1:7
*7 Para que **sometida a prueba vuestra fe**, mucho más preciosa que el oro, el cual aunque perecedero **se prueba con fuego**, sea hallada en alabanza, gloria y honra cuando sea manifestado Jesucristo,*

Mal. 3:2, 3
*2 ... Porque **él es como fuego purificador**, y como jabón de lavadores.*
*3 Y **se sentará para afinar y limpiar la plata**; porque limpiará a los hijos de Leví, los **afinará como a oro y como a plata**, y traerán a Jehová ofrenda en justicia.*

-- De Autor Desconocido

Malaquías 3:3 "Se sentará como fundidor y purificador de plata". BAD

Este verso dejaba perplejas a algunas mujeres en un estudio bíblico y ellas se preguntaban el significado de esta declaración acerca del carácter y la naturaleza de Dios. Una de las mujeres ofreció averiguar acerca del proceso de refinar la plata y volver al grupo para el siguiente estudio bíblico.

Esa semana, la mujer llamó al orfebre e hizo una cita para observarlo al trabajar. Ella no mencionó nada acerca del motivo por su interés más allá de su curiosidad acerca del proceso de refinar la plata.

Mientras ella estaba mirando al orfebre, él sostuvo una pieza de plata sobre el fuego y dejó que se calentase. Él le explicó que al refinar la plata, uno necesita sostener la plata en medio del fuego donde las llamas estaban más calientes para quemar todas las impurezas.

La mujer pensó acerca de Dios sosteniéndonos en un sitio tan caliente; entonces ella pensó otra vez lo que dice el verso, "Se sentará como fundidor y purificador de plata".

Ella le preguntó al orfebre si era verdad que él tenía que sentarse allí frente al fuego todo el tiempo mientras la plata estaba siendo refinada. El hombre respondió que sí, él no solo tenía que sentarse allí sosteniendo la plata, sino que tenía que tener los ojos puestos en la plata todo el tiempo que estaba en el fuego. Si la plata se dejaba un momento sola en las llamas, podría ser destruida.

La mujer estaba en silencio por un momento. Entonces ella preguntó al orfebre: "¿Cuándo sabe usted que la plata está completamente refinada?"

Él le sonrió y respondió: "Oh, eso es fácil -- **cuando veo mi rostro en ella.**"

Si hoy estás sintiendo el calor del fuego, recuerda que Dios tiene Sus ojos sobre ti y seguirá velando por ti hasta que Él vea Su imagen en ti.[2]

El fuego Revela los Pecados del Espíritu

Algunas pruebas, como la enfermedad, batallan contra nuestra carne (nuestros cuerpos). Pero, hay algunas que asaltan nuestros espíritus mientras la gente nos hiere. Las pruebas del espíritu son a menudo más difíciles.

El fruto del Espíritu crece más hermosamente en una vida cuando la demanda es motivada por la injusticia y las heridas. La prueba es a menudo enviada para revelar las impurezas en nuestro espíritu.

Solamente el fuego puede exponer las impurezas en el oro. Dios nos ha hecho como metal precioso (oro) pero las impurezas deben ser identificadas y quitadas. Así que cuando el fuego del refinador viene, no deberíamos enfadarnos a la persona a la que Dios usa para encender el fuego; al contrario, deberíamos agradecerle a Dios por revelar el espíritu de ofensa en nosotros.

El mal que nos han hecho no nos ha hecho ofendidos. El espíritu de ofensa, ya en nuestra vida fue alimentado por las acciones ofensivas de alguien. Las ascuas de la ofensa (orgullo) fueron meramente alimentadas por el fuego que Dios envió a través de alguien más.

Si no tenemos el espíritu de ofensa en nuestra vida, no podemos ser ofendidos. Al contrario, mantendremos un excelente espíritu hacia el ofensor y lucharemos para mantener la paz:

- **Perfecta paz la tienen los que aman Tu ley y nada les ofenderá.**
- Yo te perdono hoy por el mal que me harás mañana.
- Yo entiendo que es la voluntad de Dios que la gente me hiera -- para probar mi reacción.
- Yo quiero ser como Cristo -- más interesado en la reconciliación que en buscar culpables.
- Estoy dispuesto a tomar la culpa (como Jesús) para poder iniciar la reconciliación.

Prov. 16:7
7 Cuando los caminos del hombre son agradables a Jehová, Aun
a sus enemigos hace estar en paz con él.

Puede tomar unos cuantos días, meses o años pero si le agradamos con un espíritu excelente -- Dios se ocupará de nuestros enemigos.

Rom. 12:19
19 Amados amigos, nunca os venguéis vosotros mismos. Dejadlo
a Dios, porque él ha dicho que él pagará a los que lo merecen.
[No os toméis la ley por vuestras manos.] TLB

Si la gente todavía se ofende, posiblemente la ofensa no es real. Puede ser imaginaria o exagerada fuera de proporción por su propio espíritu de ofensa. Cuando llegamos a estar ofendidos por las acciones equivocadas de los demás, nos ponemos fuera del alcance de la sanidad y comodidad de Dios. Él nos perdona como nosotros perdonamos a los demás; Él nos da misericordia como nosotros damos misericordia a los demás.

Entonces Su toque de sanidad puede calmar la tormenta o calmarnos en la tormenta. Puede haber un ciclo vicioso de herida sin cura hasta que la humildad, el amor y el perdón estén presentes. Peor que el acto original de ofensa es el espíritu de falta de perdón y de amargura.

Para entender mejor esta verdad, vamos a estudiar a José y a Job, que se sometieron al fuego del refinador.

4.4 La Prueba de Fuego y el Ascenso de José

La vida de José representa una hermosa historia de perdón. Él estaba sujeto a más **sufrimiento de largo tiempo** que cualquier otro personaje del Antiguo Testamento. Comenzó cuando él era un joven y terminó muchos años más tarde.

- Odiado por sus hermanos.
- Echado en un pozo profundo.

138

- Vendido a una caravan de ismaelitas camino de Egipto.
- Vendido como un esclavo común.
- Recompensado por su amo por su excelente trabajo.
  Acusado falsamente por la mujer de su amo de intento de violación.
- Echado en un horrible calabozo sin esperanza de escapar – en un país extranjero lejos de casa.
- Nadie a quien le importaba sabía de su paradero.
- Perdido en el sistema de la prisión, sin intercesores ni abogados.
- Probablemente se preguntaba por qué su padre no le rescató.
- Olvidado por el copero del rey por muchos meses después de haberle interpretado su sueño en la prisión.
- Sirvió 13 años como esclavo y preso.
- De cuarenta años (22 años más tarde) antes de la reunión con su familia.

¿Cuánto puede un hombre sufrir a través de tal prueba y aflicción? Esto concernía más que a José y su familia o el preservar la vida a través de siete años de hambre. Pero esto se trataba de seleccionar a un hombre que sería un tipo de Jesucristo. Esta prueba era tan larga y difícil que se convirtió en un punto de referencia del sufrimiento humano -- un ejemplo para los demás que están experimentando el fuego del Refinador en sus vidas.

Este testimonio es un ejemplo desafiante para alguien que escoge server a su Dios sin importar la dura prueba. José hizo una elección de mantener un espíritu excelente en respuesta a los terribles hechos contra él. Esto era acerca de un testigo parado en el juicio, probando que podemos enfrentar las heridas sin ser ofendidos.

Nadie en la Biblia, fuera de Jesucristo, fue llamado para perdonar más que José. Él nunca permitió a la amargura entrar en su vida porque él tenía una gran relación con su Dios. Él perdonó cada obra mala y no permitió subir la amargura. Él guardó un buen espíritu mientras era un esclavo y un prisionero por 13 años, luego, por otros nueve años antes de reunirse con su familia. Su espíritu excelente y perdonador atenuó su vida porque él se mantuvo el mismo, ya sea como esclavo o como gobernante.

Cuando sus hermanos vinieron a Egipto, José rechazó tomar venganza por sus años perdidos. Al contrario, él perdonó, impartiendo misericordia y amor no merecidos por sus malas obras. La única historia en la Biblia que excede esta historia de perdón, es cómo Dios vino a la tierra para experimentar la vida como humano. Dios, en zapatos humanos, vino para proveer Su misericordia, Su gracia y Su perdón sin importar las acciones de la humanidad.

La Voluntad de Dios para Que José Sufra

Era la voluntad y el **plan de Dios** para José que experimentara el dolor del fuego del Refinador y que sufriese a través de una prueba larga y difícil.

Gen. 45:5
*5 Ahora, pues, no os entristezcáis, ni os pese de haberme vendido acá; porque **para preservación de vida me envió Dios** delante de vosotros.*

Gen. 50:20
*20 Vosotros pensasteis mal contra mí, mas **Dios lo encaminó a bien**, para hacer lo que vemos hoy, para mantener en vida a mucho pueblo.*

Cuando Dios determine que más se necesitaba más fuerza en el carácter de José para aguantar un ascenso como gobernador mundial, Él le envió la prueba larga y feroz.

- **La respuesta de José al fuego del Refinador es un testimonio excelente, cincelado en la roca de la eternidad, como un resplandeciente ejemplo para nosotros seguir.**

Las Amorosas y Abundantes Bendiciones del Padre

Es la voluntad de Dios para Su pueblo maltratarnos. Dios permite que estas heridas prueben nuestras reacciones. Las impurezas del oro son reveladas cuando se aplica el fuego -- los fuegos de la prueba, herida, y males hechos contra nosotros. Nuestro Padre celestial imparte Su **amor, favor y bendiciones** a los que emulan una actitud y reacción como la de Cristo.

Gen. 49:22-26
22 Rama fecunda es José, Rama fecunda junto a un manantial; Sus vástagos se extienden sobre el muro.
23 Los arqueros lo atacaron con furor, Lo asaetearon y lo hostigaron;
24 Pero su arco permaneció firme Y sus brazos fueron ágiles Por las manos del Poderoso de Jacob (de allí es el Pastor, la Roca de Israel),
25 Por el Dios de tu padre que te ayuda, Y por el Todopoderoso que te bendice Con bendiciones de los cielos de arriba, Bendiciones del abismo que está abajo, Bendiciones de los pechos y del seno materno.
26 "Las bendiciones de tu padre Han sobrepasado las bendiciones de mis antepasados Hasta el límite de los collados eternos; Sean ellas sobre la cabeza de José, Y sobre la cabeza del consagrado de entre sus hermanos. TLB

-- De Notas de Barnes

Versos 25, 26. Estos dos pensamientos - la abundancia pacífica de su vieja edad, la cual le debía a José, y las persecuciones que su amado hijo había soportado - conmueven las fuentes de sus afectos hasta que sobreabundan con bendiciones. "Por el Dios de tu padre" - el Eterno que es la fuente de toda bendición. "Por el Dios Omnipotente", quien es capaz de controlar todas las influencias adversas. "Bendiciones de los cielos arriba" - el aire, la lluvia, y el sol. "Bendiciones del abismo" - las fuentes y corrientes, al igual que el suelo fértil.

"Bendiciones de los pechos y del vientre" - los hijos del hogar y los críos de los rebaños y ganados."

Las bendiciones de Jacob pronunciadas sobre José excedían las que vinieron sobre Jacob de sus padres. A José le es dada una doble porción, con una doble medida de afecto del corazón de su padre. "Hasta el término de los collados eternos". Como un desbordante flujo ellos se han levantado hasta las mismas cumbres de los collados eternos en las concepciones del venerable patriarca. "Sobre la frente del que fue apartado de entre sus hermanos", no solo por un período largo de persecución y humillación, sino por una subsecuente elevación a una extraordinaria dignidad y pre-eminencia.

Debe ser notado que esta bendición, cuando se interpreta justamente, aunque respira todo el cariño del corazón de un padre, sin embargo no contiene indicio de que la supremacía o el sacerdocio iban a pertenecer a José, o que el Mesías iba a salir de Él. Al mismo tiempo José era en muchos eventos de su historia un tipo notable del Mesías, y estaba sin duda entre los ancestros del Mesías.[1]

El Mensaje Clave de la Prueba de José

- **El sueño en la niñez de José le sostuvo en la dura prueba, haciéndole abrazar el plan de Dios, que le guió a través del fuego.**

- **Cuando la prueba terminó, José se paró como oro puro en cuerpo, alma y espíritu; no dañado, sino refinado por el fuego.**

- **Una de las pruebas más duras en la historia produjo uno de los más grandes productos del fuego del Refinador, y uno de los más grandes milagros de liberación -- ascenso del foso al palacio en un día.**

• **Cuando Dios dice que basta, la tormenta terminará en liberación y dulce victoria.**

José Fue Quebrantado y Cambiado al Ser
Apretado y Soltado

Apretado y Quebrantado	Liberado y Bendecido
José fue maltradado por sus hermanos y echado en el foso.	Entonces fue soltado del foso.
José fue vendido a una caravana de Ismaelitas camino de Egipto.	Entonces fue soltado para server en la casa de Potifar.
José fue acusado de crimen; fue apresado sin esperanza y sin intercesores ni abogados.	Entonces fue soltado de la prisión y ascendido al palacio para regir el mundo.

El proceso del quebrantamiento es ser apretado y soltado. Sostenida firmemente en la mano, una esponja no absorberá el líquido. Aguanta más cuando es soltada más. Él puede llenar solo cuando le soltamos a Él. Si nos aferramos a nuestras habitaciones en nuestro corazón y nuestra alma, estamos rechazando Su control.

Sal. 34:18, 19
18 Cercano está Jehová a los quebrantados de corazón; Y salva a los contritos de espíritu.
19 Muchas son las aflicciones del justo, Pero de todas ellas le librará Jehová.

4.5 La Dura Prueba y la Restauración de Job

Antes de la prueba de Job, parecía que él era perfecto, con una excepción que él mismo admitió; él puede haber tenido un espíritu de autoconfianza o justicia propia. Todos hablaban bien de él. Jesús advirtió: *"Ay de vosotros cuando los hombres hablen de vosotros"*, porque debemos buscar el favor de Dios más que el favor de los hombres.

La Vida de Job Antes de Su Prueba

Job 29:7-25

7 Cuando yo salía y me sentaba en la plaza de la ciudad,

8 Jóvenes y ancianos me saludaban con respeto; yo era honrado por todos en la ciudad.

9 Cuando hablaba, todos escuchaban;

10 Me colgaban cada palabra.

11 La gente que me conocía hablaba bien de mi; mi reputación iba delante de mí.

12 Yo era conocido por ayudar a la gente con problemas y pararme al lado de los que no tenían suerte.

13 Los moribundos me bendecían, y las viudas eran animadas con mis visitas.

14 Todos mis tratos con la gente eran buenos. Yo era conocido por ser justo con todos los que conocía.

15 Yo era los ojos al ciego y pies al cojo,

16 Padre a los necesitados, y defensor de los extranjeros abusados.

17Agarraba a los ladrones callejeros por el cuello y les hacía devolver lo que habían robado.

18 **Pensaba: "Voy a morir en paz en mi propia cama, agradecido por una larga y completa vida,**

19 Una vida bien enraizada y bien regada, una vida ágil y fresca,

20 Mi alma cubierta de gloria y mi cuerpo robusto hasta el día en que muera.

21 Hombres y mujeres escuchaban cuando yo hablaba, expectantes guardaban silencio a mis palabras.

22 Después de hablar, ellos se quedaban callados, guardándolo todo.

23 Ellos recibían contentos mi consejo como la lluvia de primavera, bebiéndola toda.

24 ¡Cuando les sonreía, ellos apenas lo creían; sus rostros se encendían, sus problemas se alejaban!

25 Yo era su líder, estableciendo el humor y estableciendo el paso según el cual ellos vivirían. Donde yo les guiaba, ellos seguían. MSG

Job 29:18
18 Decía yo: En mi nido moriré, Y como arena multiplicaré mis días.

-- De Notas de Barnes

Tan prospero era yo, y tan permanentes parecían mis fuentes de felicidad. No vi motivo para que todo esto deje de continuar, y para que el mismo respeto y honor dejen de acompañarme hasta la tumba. [Moriré en mi nido] Permaneceré donde estoy, y en mis comodidades presentes, mientras viva. Entonces moriré rodeado de mi familia y amigos, y rodeado de honores. Un "nido" es una imagen de tranquilidad, de inocencia, y comodidad.[1]

-- Del Comentario de Matthew Henry

Job 29:18-25

Mira aquí cuáles eran sus pensamientos en su prosperidad -- moriré en mi nido. Habiéndose hecho un cálido y suave nido, él esperaba que nada le molestase en él, ni le quitase de él, hasta que la muerte le quitase a él; y por tanto concluyó: mañana será como este día; como David (Sal. 30:6), En mi prosperidad dije yo: No seré jamás conmovido.

Que él viviría mucho tiempo, multiplicaría sus días como la arena. Él quiere decir como la arena en la costa; donde nosotros deberíamos considerar nuestros días como la arena del reloj de arena, la cual se acabará en breve. Mira cuán apta es, aún la gente buena para pensar en la muerte como algo en la distancia, y para poner lejos de ellos ese día malo, que en realidad será para ellos realmente un día bueno.[3]

Job 16:12
*12 Yo vivía **tranquilo**, pero él me destrozó; me agarró por el cuello y me hizo pedazos...*

Tranquilo

OT:7961 shalev (sha-lev'); de OT:7951; tranquilo; (en un mal sentido) despreocupado; abstractamente, seguridad.[4]

La Prueba de Job

La primera prueba de Job, en su desastrosa y feroz prueba era la **pérdida física:**

- Pérdida de familia -- diez hijos.
- Pérdida de riqueza -- todas sus posesiones.
- Pérdida de salud -- llagas dolorosas cubriendo su cuerpo.

Job expresa su sobrecogedora pena:

- Estoy en tal angustia y dolor que desearía no haber nacido jamás.
- No sé dónde está Dios, pero estoy seguro que Él todavía sabe dónde estoy yo.
- Cuando Dios termine Su abrasador proceso de refinación, saldré como oro puro.

Job 3:3
3 Perezca el día en que yo nací, Y la noche en que se dijo: Varón es concebido.

Job 23:8-10
*8 He aquí yo iré al oriente, y **no lo hallaré**; Y al occidente, y **no lo percibiré**;*
*9 Si muestra su poder al norte, yo **no lo veré**; Al sur se esconderá, y **no lo veré**.*
*10 Mas **él conoce mi camino**; Me probará, y saldré como oro.*

Pero la prueba final de Job vino como una **prueba de su espíritu**, cuando sus consoladores "amigos" le acusaron de un grande malhecho y pecado. Por muchos años ellos se turnaron para difamarle.

Job 2:13
13 Así se sentaron con él en tierra por siete días y siete noches, y ninguno le hablaba palabra, porque veían que su dolor era muy grande.

La prueba ahora va más allá de la pérdida física, según el fuego del Refinador se enciende más, probando el espíritu de Job en busca de cualquier rastro de ofensa, mientras sus amigos continúan su asalto verbal.

Lo siguiente es un ejemplo de las acusaciones de los amigos de Job:

Amigo de Job, Elifaz:
Job 4:7, 8
7 Ponte a pensar: ¿Quién siendo inocente ha perecido? ¿Cuándo se ha destruido a la gente íntegra? BAD
8 La experiencia me ha enseñado que los que siembran crimen y maldad cosechan lo que antes sembraron. DHH

Job 15:5, 6
5 Tu maldad pone en acción tu boca; hablas igual que los pícaros.
6 Tu propia boca te condena, no la mía; tus propios labios testifican contra ti. BAD

Job 22:23, 24
23 Si vuelves al Todopoderoso, serás restaurado (edificado). Si alejas de tu tienda la injusticia,
24 Y pones tu oro en el polvo, Y el oro de Ofir entre las piedras de los arroyos. NBLH

Amigo de Job, Bildad:
Job 8:4
4 Seguramente tus hijos pecaron contra Dios, y él les dio el

castigo merecido. DHH

Job 18:5, 7
5 La lámpara de los malvados se apagará; la llama de su fuego dejará de arder.
7 El vigor de sus pasos se irá debilitando; sus propios planes lo derribarán. BAD

Amigo de Job, Zofar:

Job 11:6
6 Él te contaría los secretos de la sabiduría, porque la sabiduría tiene muchas facetas, y Dios no te ha dado todo el castigo que mereces. PDT

Job 20:20
20 Esta gente negadora de Dios nunca están contentos con lo que tiente. MSG

Job 20:27, 28
27 Dios les quitará su ropa empapada de pecado y colgará sus trapos sucios para que todos vean.
28 La vida es un completo asolamiento para ellos, nada que sobrevive a la ira de Dios MSG

Amigo de Job, Eliú:

Job 32:2, 3
2 Pero Eliú hijo de Baraquel de Buz, de la familia de Ram, se enojó mucho con Job porque, en vez de justificar a Dios, se había justificado a sí mismo.
3 También se enojó con los tres amigos porque no habían logrado refutar a Job, y sin embargo lo habían condenado.

La Conclusión de la Prueba de Job

El fuego del Refinador ahora ha expuesto una respuesta o reacción incorrecta de Job a su dolorosa prueba. Dios comienza a hablar con Job y él comienza a arrepentirse.

Job 38:1-6, 8-12

1 Entonces respondió Jehová a Job desde un torbellino, y dijo:

2 ¿Quién es ése que oscurece el consejo Con palabras sin sabiduría?

3 Ahora ciñe como varón tus lomos; Yo te preguntaré, y tú me contestarás.

4 ¿Dónde estabas tú cuando yo fundaba la tierra? Házmelo saber, si tienes inteligencia.

5 ¿Quién ordenó sus medidas, si lo sabes? ¿O quién extendió sobre ella cordel?

6 ¿Sobre qué están fundadas sus bases? ¿O quién puso su piedra angular...?

8 ¿Quién encerró con puertas el mar, Cuando se derramaba saliéndose de su seno,

9 Cuando puse yo nubes por vestidura suya, Y por su faja oscuridad,

10 Y establecí sobre él mi decreto, Le puse puertas y cerrojo,

11 Y dije: Hasta aquí llegarás, y no pasarás adelante, Y ahí parará el orgullo de tus olas?

12 ¿Has mandado tú a la mañana en tus días? ¿Has mostrado al alba su lugar...?

-- De Comentario del Púlpito

Verso 2. - *¿Quién es ése que oscurece el consejo con palabras sin sabiduría?*

Es muy notorio que Dios enteramente ignora el razonamiento de Eliú, y se dirige Él mismo, en primera instancia, completamente a Job, con quien comienza a reconvenir. Job no ha estado sin falta. Él ha hablado muchas "palabras sin conocimiento" o sin el suficiente conocimiento, y así se ha atrincherado en la irreverencia, y dado a los enemigos de Dios ocasión de blasfemar.

Aún más, él ha "oscurecido el consejo". En vez de aclarar los caminos de Dios a sus amigos y compañeros, él ha puesto dudas sobre el gobierno moral de Dios (Job 21:7-

26), sobre Su misericordia y su amorosa amabilidad (Job 16:7-14), casi sobre su justicia (Job 19:7; 31:1-35). Él está así abierto a la censura, y recibe censura, y es considerado "vil" (Job 40:4).

Verso 3. - Ahora ciñe como varón tus lomos. Job había deseado contender con Dios, alegar con Él, y discutir su caso (Job 9:32-35; 13:3,18-22; 23: 4-7; 31:35). Dios ahora ofrece concederle su petición, y le oferta que se pare "como varón" y que "se ciña" para la alegación, la cual él ha provocado. Yo te preguntaré, y tú me contestarás.

Él comenzará con las interrogaciones que Job debe contestar; entonces a Job se le permitirá hacer preguntas. Job, sin embargo, cuando se le da la oportunidad, se acobarda y dice: "He aquí que yo soy vil; ¿qué te responderé? Mi mano pongo sobre mi boca. Una vez hablé, mas no responderé; Aun dos veces, mas no volveré a hablar." (Job 40:4, 5).[5]

Job 42:5, 6
*5 De oídas **te había oído**; Mas **ahora mis ojos te ven**.*
*6 Por tanto **me aborrezco, Y me arrepiento** en polvo y ceniza.*

*5 Yo **sólo sabía de ti de oídas**, pero **ahora mis ojos [espirituales] te han visto**.*
*6 Por eso me retracto de lo que he dicho [**y me aborrezco**] **y te pido perdón** en polvo y ceniza. PDT*

-- De Comentario del Púlpito

Verso 5. - He oído de tí de oídas.
Aquí, no tengo nada más que conocimiento de Ti que proviene de rumores ; no te he conocido en ningún sentido verdadero; pero ahora – ahora que tú te has revelado a mi – mis ojos te ven; mis ojos espirituales se han abierto, y yo comienzo a ver en tu verdadero poder, tu verdadera grandeza, tu verdadera inescrutabilidad. Ahora reconozco

la distancia que nos separa, y siento cuán irracional es que yo contenda contigo, asumir que sea competente para pasar juicio sobre tus obras. "Por tanto me aborrezco".[5]

-- Del Comentario de Adam Clarke

Verso 5 [He oído de ti] Ahora tengo tal descubrimiento de ti como nunca he tenido antes. Solamente he oído de ti por la tradición, o de información imperfecta; ahora los ojos de mi mente claramente te perciben; y al verte, me veo a mi mismo; porque la luz que descubre tu gloria y excelencia, descubre mi maldad y vileza.

Verso 6 [Arrepiento] Estoy profundamente angustiado por la cuenta de las imaginaciones de mi corazón, las palabras de mi lengua, y los actos de mi vida. Me revuelco en el polvo, y rocío ceniza sobre mi cabeza. Job está ahora lo bastante humillado a los pies de Yahweh; y habiendo orado ferviente y piadosamente.[6]

-- Del Comentario de Matthew Henry

Él se debe a sí mismo el ser culpable de aquello de lo que Dios le había cargado con el inicio de su discurso, v. 3. "Señor, la primera palabra que tú dijiste era: ¿Quién es el que oscurece el consejo sin entendimiento? No hacía falta más; esa palabra me convenció. Soy el hombre que ha sido tan necio. Esa palabra me alcanzó hasta la conciencia, y ha puesto mi pecado en orden delante de mí. Es demasiado claro para negarlo, demasiado malo para excusarlo. He escondido el consejo sin conocimiento. He pasado por alto ignorantemente los consejos y designios de Dios al afligirme, y por tanto he reñido con Dios, y he insistido demasiado sobre mi propia justificación: "Por tanto, yo hablaba lo que no entendía", es decir: "He pasado juicio sobre las dispensaciones de la Providencia, aunque era completamente un extraño a las razones de ellos.[3]

-- De Comentario del Púlpito

Verso 6. – Por tanto me aborrezco; me retracto de mis alabras (mira la versión Palabra de Dios para Todos). Y me arrepiento en polvo y ceniza. Job todavía estaba sentado en la ceniza sobre el cual se había tirado cuando le golpeó la enfermedad por primera vez (Job 2:8). Él se había tirado allí en lamento y desesperación; él seguirá sentado allí en compunción y penitencia. Su auto humillación ahora está completa. Él no se detracta de lo que dijo en referencia a su integridad esencial, sino que admite que sus palabras han sido insolentes, y su actitud hacia Dios algo inadecuada para una criatura. Dios acepta su sumisión, y procede a vindicarle ante sus "amigos", y a visitarlos a ellos con condenación.[5]

Después que Job se arrepiente, Dios le defendió ante sus amigos y les dijo que ellos habían acusado injustamente a Job; ahora ellos deben sacrificarse y arrepentirse.

Job 42:7, 8
7 Y aconteció que después que habló Jehová estas palabras a Job, Jehová dijo a Elifaz temanita: Mi ira se encendió contra ti y tus dos compañeros; porque no habéis hablado de mí lo recto, como mi siervo Job.
8 Ahora, pues, tomaos siete becerros y siete carneros, e id a mi siervo Job, y ofreced holocausto por vosotros, y mi siervo Job orará por vosotros; porque de cierto a él atenderé para no trataros afrentosamente, por cuanto no habéis hablado de mí con rectitud, como mi siervo Job.

-- De Comentario del Púlpito

Verso 7. – Dios oyó la confesión de Job en silencio, y, sin hablar con él, se dirigió a Elifaz y sus "amigos". Jehová dijo a Elifaz temanita: Mi ira se encendió contra ti y tus dos compañeros. La posición superior de Elifaz aquí es reconocida muy fuertemente – solo él es mencionado por nombre, solo a él se dirige directamente. Porque no habéis hablado de mí lo recto, como mi siervo Job. Los "consoladores", consciente o inconscientemente, hablaron lo que era falso. Aún si ellos dijeron lo que creían, ellos debían haber sabido mejor.[5]

Después que Job se arrepintió humildemente y oró por sus amigos quienes le habían tratado mal, Dios le restauró:

- Su familia -- Siete hijos y tres hijas.

- Su salud -- 140 años más de vida.

- Su riqueza -- le duplicó lo que tenía antes.

Job 42:10-13, 15, 16

*10 **Y quitó Jehová la aflicción de Job, cuando él hubo orado por sus amigos; y aumentó al doble todas las cosas que habían sido de Job.***

11 Y vinieron a él todos sus hermanos y todas sus hermanas, y todos los que antes le habían conocido, y comieron con él pan en su casa, y se condolieron de él, y le consolaron de todo aquel mal que Jehová había traído sobre él; y cada uno de ellos le dio una pieza de dinero y un anillo de oro.

12 Y bendijo Jehová el postrer estado de Job más que el primero; porque tuvo catorce mil ovejas, seis mil camellos, mil yuntas de bueyes y mil asnas,

13 Y tuvo siete hijos y tres hijas.

15 Y no había mujeres tan hermosas como las hijas de Job en toda la tierra; y les dio su padre herencia entre sus hermanos.

16 Después de esto vivió Job ciento cuarenta años, y vio a sus hijos, y a los hijos de sus hijos, hasta la cuarta generación.

El Mensaje Clave de la Prueba de Job

- **El fuego del Refinador es una parte necesaria del plan de Dios para perfeccionar a los que viven una vida piadosa, que no hacen mal y que están ayudando a los demás. La única manera de detectar impurezas ocultas en nuestro**

corazón es experimentar nuestra propia reacción al fuego del Refinador.

- **Sin importar el tremendo sufrimiento y la aparente injusticia de una prueba, Dios está descontento con todo lo que es menos que la humildad y la sumisión a Su amorosa mano de corrección.**

- **Ninguno de nosotros sufrirá jamás una mayor prueba, sufrimiento y pérdida que la de Job. Este es uno de los más altos referentes en la historia del sufrimiento y la prueba humanos que es cincelada en la piedra de la eternidad, como un brillante testimonio y ejemplo para nosotros seguir.**

4.6 La Cruz

La más grande paradoja en la vida Cristiana es el principio de que regocijarse en la cruz es lo que trae la prueba y el sufrimiento. Para entender esto, debemos examinar la gloria de la cruz descrita por los apóstoles Pablo y Pedro.

2 Cor. 12:9, 10
*9 Por tanto, de buena gana **me gloriaré más bien en mis debilidades**, para que repose sobre mí el poder de Cristo.*
*10 Por lo cual, **por amor a Cristo me gozo en las debilidades, en afrentas, en necesidades, en persecuciones, en angustias**; porque cuando soy débil, entonces soy fuerte.*

George Matheson escribió: "Dios mío, nunca te he agradecido por mis espinas. Te he agradecido miles de veces por mis *rosas*, pero nunca por mis *espinas*. He estado buscando un mundo donde reciba compensación por mi cruz: pero nunca he pensado en mi cruz en sí como una gloria presente. Enséñame la gloria de mi cruz: enséñame en valor de mi espina. Muéstrame que he subido a Ti por la senda del dolor. Muéstrame que mis lágrimas han hecho mi arcoíris."

- **Cuando tenemos la revelación del propósito y la gloria de la cruz, la abrazaremos como los apóstoles, sabiendo que esto nos cambiará para ser más como Cristo -- es el puente a la vida eterna.**

1 Pedro 4:12, 13
12 Queridos hermanos, no se extrañen de verse sometidos al fuego de la prueba, como si fuera algo extraordinario.
*13 Al contrario, **alégrense de tener parte en los sufrimientos de Cristo**, para que también se llenen de alegría cuando su gloria se manifieste. DHH*

-- Del Comentario de Matthew Henry

Su consejo a ellos, relacionado a sus sufrimientos, es que ellos no lo piensen como cosa extraña, ni que eso les sorprenda, como si algo extraño les hubiesc pasado. Porque, aunque sean agudas y fuertes, ellas están diseñadas para probarles, no para arruinarles, para probar su sinceridad, fuerza, paciencia, y confianza en Dios. Al contrario, ellos deberían regocijarse bajo sus sufrimientos, porque los suyos podrían llamarse apropiadamente los sufrimientos de Cristo. Son del mismo tipo, y por la misma causa, que Cristo sufrió; ellos nos hacen cómodos a él; él sufre en ellos, y siente nuestras debilidades; y, si somos partícipes de sus sufrimientos, seremos también partícipes en su gloria, y le conoceremos con sumo gozo en su gran aparición para coronar a sus fieles siervos.

Los Cristianos no solo deben ser pacientes, sino regocijarse, en sus más fuertes y duros sufrimientos por Cristo, porque ellos son símbolos del favor divino; ellos promueven el evangelio y preparan para la gloria. Los que se regocijan en sus sufrimientos por Cristo triunfarán y se regocijarán eternamente con él en gloria.

Todos los sufrimientos que caen sobre la gente buena les caen según la voluntad de Dios. Y es el deber de los

Cristianos, en todas sus aflicciones, mirar más por guardar sus almas que por preservar sus cuerpos. La única manera de guardar el alma bien es entregarla a Dios, haciendo el bien. Entregar nuestras almas a Dios por medio de una dedicación solemne, oración, y perseverancia paciente en hacer buenas obras.[3]

La cruz es algo doloroso que viene contra el Cristiano. Es una cosa llevar la cruz, pero Cristo desea que seamos *crucificados* con Él. Ser crucificados con Él trae muerte a la carne, para destruir el pecado; y la muerte a uno mismo, para alinear nuestra voluntad con la voluntad de Dios.

Mateo 10:38
38 Y el que no toma su cruz y sigue en pos de mí, no es digno de mí.

Lucas 9:23
23 Y decía a todos: Si alguno quiere venir en pos de mí, niéguese a sí mismo, tome su cruz cada día, y sígame.

Lucas 14:27
27 Y el que no lleva su cruz y viene en pos de mí, no puede ser mi discípulo.

Fil. 3:10
10 Por eso, lo único que deseo es conocer a Cristo; es decir, sentir el poder de su resurrección. BLS

1 Pedro 4:1, 2
1 Por tanto, ya que Cristo sufrió en el cuerpo, asumid también vosotros la misma actitud [pacientemente para sufrir más que fallar en agradar a Dios]; porque el que ha sufrido en el cuerpo [teniendo la mente de Cristo] ha roto con el pecado [intencional] [ha dejado de agradarse a sí mismo y al mundo, y agrada a Dios]. BAD

- **Nuestra vida Cristiana comenzó en la cruz. Continuará mientras abracemos la cruz, permitiéndole cambiar nuestras vidas, manteniéndonos consagrados y comprometidos. Al final del camino de la vida cambiaremos nuestra cruz por una corona.**

> "Y por una corona mi cruz cambiaré,
> Pues las cargas de la vida dejaré,
> Las puertas de perla por mí abrirá,
> Mi cruz por una corona cambiará."[7]

4.7 La Cruz de Sufrimiento del Apóstol Pablo

El gran sufrimiento del apóstol Pablo igualaba sus grandes logros en el evangelio:

- Conmoviendo a su mundo con el evangelio de Jesucristo.
- Escribiendo el 85% del Nuevo Testamento en referencia a la vida Cristiana.

2 Cor. 11:23-27
23 ¿Son ministros de Cristo? (Como si estuviera loco hablo.) Yo más; en trabajos más abundante; en azotes sin número; en cárceles más; en peligros de muerte muchas veces.
24 De los judíos cinco veces he recibido cuarenta azotes menos uno.
25 Tres veces he sido azotado con varas; una vez apedreado; tres veces he padecido naufragio; una noche y un día he estado como náufrago en alta mar;
26 En caminos muchas veces; en peligros de ríos, peligros de ladrones, peligros de los de mi nación, peligros de los gentiles, peligros en la ciudad, peligros en el desierto, peligros en el mar, peligros entre falsos hermanos;
27 En trabajo y fatiga, en muchos desvelos, en hambre y sed, en muchos ayunos, en frío y en desnudez;

- **La conversión del apóstol Pablo al cristianismo fue cumplido en un instante:**

- Orgulloso y camino a Damasco para perseguir a los Cristianos un minuto.
- Al siguiente minuto, siendo humillado y tirado en el camino, después de haber sido cegado por una gran luz de revelación.
- El apóstol Pablo experimentó **una conversión instantánea como creyente de Jesucristo**. Tres días después él recibió la experiencia de salvación -- siendo bautizado y recibiendo el Espíritu Santo.

Hechos 9:17, 18
17 Fue entonces Ananías y entró en la casa, y poniendo sobre él las manos, dijo: Hermano Saulo, el Señor Jesús, que se te apareció en el camino por donde venías, me ha enviado para que recibas la vista y seas lleno del Espíritu Santo.
18 Y al momento le cayeron de los ojos como escamas, y recibió al instante la vista; y levantándose, fue bautizado.

- **Ser como Cristo fue una experiencia de una vida de prueba y sufrimiento (rasgando el velo del ego).**

El sufrimiento era el primer mensaje dado a Pablo por el varón de Dios; *"le mostraré cuánto le es necesario padecer por mi nombre."* Más tarde el apóstol Pablo escribió a Timoteo: *"Y también todos los que quieren vivir piadosamente en Cristo Jesús padecerán persecución."*

Hechos 9:15, 16
15 El Señor le dijo: Ve, porque instrumento escogido me es éste, para llevar mi nombre en presencia de los gentiles, y de reyes, y de los hijos de Israel;
16 Porque yo le mostraré cuánto le es necesario padecer por mi nombre.

La vida Cristiana del apóstol Pablo comenzó en el desierto. Recluido en el desierto de Arabia, él vivió por tres años. A diferencia de los discípulos, Pablo no había caminado personalmente con Jesús por tres años. Él voluntariamente se exilió a sí mismo a la soledad del desierto para experimentar la revelación de Jesucristo.

Gal. 1:16-18
16 Revelar a su Hijo en mí, para que yo le predicase entre los gentiles, no consulté en seguida con carne y sangre,
17 Ni subí a Jerusalén a los que eran apóstoles antes que yo; sino que fui a Arabia, y volví de nuevo a Damasco.
18 Después, pasados tres años, subí a Jerusalén para ver a Pedro, y permanecí con él quince días;

Con el entero conocimiento del precio, Pablo examinó quién él era y lo que él tenía, y lo rindió todo en un día. Él rindió lo que él era, para llegar a ser lo que Cristo quería que él fuera. Lo que él sacrificó, él lo consideró sin valor:
   - Su posición como fariseo y su aprendizaje bajo Gamaliel.
   - Su poder e influencia entre la comunidad religiosa.
   - El respeto y la estima de Israel y los líderes religiosos como maestro de la ley.

Fil. 3:5-10
5 Circuncidado cuando tenía ocho años, del linaje de Israel, de la tribu de Benjamín, hebreo [e hijo de] hebreos; en cuanto a observación de la ley yo era de [el grupo de] los fariseos,
6 En cuanto a celo, perseguidor de la iglesia, y por el patrón de justicia de la ley (justicia supuesta, rectitud, y estar bien con Dios) me he probado ser sin culpa y ninguna falta fue hallada en mi.
*7 Pero cuantas **cosas pasadas yo las pude tener como ganancia, he llegado a considerarlas como [una combinada] pérdida** por amor de Cristo.*
8 Sí, aún más, lo cuento todo como pérdida comparado con la posesión del invaluable privilegio (la sobrecogedora preciosidad, el inestimable valor, y la ventaja suprema) de conocer a Cristo Jesús mi Señor y de progresivamente estar más íntimamente relacionado con Él [de percibirle y reconocerle y entenderle más

completa y claramente]. **Por Su causa he perdido todo y lo considero todo como mera basura** *(desperdicios, escoria), para poder ganar a Cristo (el ungido).*

9 A fin de que yo pueda [en realidad] ser hallado y conocido como en Él, no teniendo ninguna [auto obtenida] justicia propia que pueda ser llamada mía, basada en mi obediencia a las demandas de la ley (rectitud ritualista y presunta buena posición con Dios adquirida así), sino poseyendo aquella [justicia genuina] que viene por medio de la fe en Cristo (el ungido), la [verdadera] buena posición con Dios, que viene de Dios por la fe [salvadora];

10 A fin de [mi propósito determinado es] conocerle [que pueda progresivamente llegar a estar más profunda e íntimamente relacionado con Él, percibiendo y reconociendo y entendiendo las maravillas de Su persona más fuertemente y más claramente], y que pueda yo de esa misma manera llegar a conocer el poder que fluye de Su resurrección [que ejerce sobre los creyentes], y que yo pueda compartir Sus sufrimientos para ser continuamente transformado [en espíritu a Su imagen] en su muerte, [en la esperanza]. AMP

El Fin de la Vida de Pablo en la Prisión
-- Quebrantado en Cuerpo Pero no en Espíritu

Condenado a morir por la causa de Jesucristo, Pablo escribió su última carta a Timoteo. Escribiendo su última petición desde un húmeda, oscura, lúgubre celda romana, él urge a Timoteo a venir rápidamente y visitarle una última vez antes de la inminente ejecución.

2 Tim. 4:9-11, 13, 21
9 Haz todo lo posible por venir a verme cuanto antes,
10 Pues Demas, por amor a este mundo, me ha abandonado y se ha ido a Tesalónica. Crescente se ha ido a Galacia y Tito a Dalmacia.
11 Sólo Lucas está conmigo. Recoge a Marcos y tráelo contigo, porque me es de ayuda en mi ministerio.

13 Cuando vengas, trae la capa que dejé en Troas, en casa de Carpo; trae también los libros, especialmente los pergaminos. 21 Haz todo lo posible por venir antes del invierno. Te mandan saludos Eubulo, Pudente, Lino, Claudia y todos los hermanos. NVI

Su última petición escrita eran unas necesidades básicas -- todas ellas urgentes: "Timoteo, tráeme mi abrigo. El crudo invierno está llegando y necesito mantenerme caliente. Tráeme mis libros; necesito especialmente los pergaminos, mis más preciadas posesiones. Necesito el consuelo de los Salmos y la seguridad de los profetas. Timoteo, necesito que vengas -- el tiempo de mi partida está cercano. Necesito la calidez de tus palabras de ánimo para fortalecerme y levantarme en este tiempo. También, trae a Marcos, a quien he perdonado de sus infidelidades pasadas. Él es mi valioso amigo y quiero verle por última vez. Haz todo lo posible por venir antes del invierno."

Al final de su vida, Pablo estaba todavía parándose firme en el Espíritu, no se estaba quejando porque sus oraciones por liberación no estaban siendo contestadas. Su única petición era que su viejo abrigo mantuviese su **cuerpo** caliente y que los pergaminos mantuvieran su **alma** y su **espíritu** calientes. Él no se estaba quejando de las incomodidades y el dolor de una prisión romana. Sino que él estaba parándose en el brillo y la gloria del favor de Dios en una vida totalmente dedicada al evangelio de Jesucristo.

¡Qué vida ungida! Aún en su muerte vemos victoria y gloria, no derrota.

El Último Testimonio de Pablo
2 Tim. 4:6-8
6 Porque yo ya estoy para ser sacrificado, y el tiempo de mi partida está cercano.
7 He peleado la buena batalla, he acabado la carrera, he guardado la fe.

8 Por lo demás, me está guardada la corona de justicia, la cual me dará el Señor, juez justo, en aquel día; y no sólo a mí, sino también a todos los que aman su venida.

6 Yo, por mi parte, ya estoy a punto de ser ofrecido como un sacrificio, y el tiempo de mi partida ha llegado.
7 Siendo derramado, de toda su caminata con Dios siendo derramada, ahora un poquito dejado atrás y él está entregando el resto, dándolo todo. BAD

2 Tim. 4:6
6 Porque yo ya estoy para ser derramado como una ofrenda de libación, y el tiempo de mi partida ha llegado. *NBLH*

Después de todo Su amor, sacrificio y sufrimiento por Jesucristo, solo se vería justo que él viva sus últimos días como un apóstol respetado en paz y jubilación. Pero Dios tenía otro plan para el apóstol Pablo -- uno de más sufrimiento, encarcelamiento y la muerte de un mártir. Pablo agraciadamente aceptó esto como la voluntad de Dios y habló de esto como el tiempo de volver a casa, la recepción de la recompensa celestial -- una corona de justicia.

El ambiente de Pablo puede haber sido la penumbra de una celda romana, pero eh, la gloria que estaba brillando a través de él y alrededor de él, creando su propio ambiente -- liberando el alma, no atada como el cuerpo. Él estaba rodeado por e inmerso en la luz de la gloria de Dios que vino brillando a través de cualquier foso de prueba y desesperación -- trayendo esperanza y regocijo.

- **La vida y la respuesta del apóstol Pablo a la cruz de sufrimiento y prueba es un testimonio excelente testimonio, cincelado en la roca de la eternidad, como un resplandeciente testimonio y ejemplo para nosotros seguir.**

4.8 El Apóstol Pedro en el Fuego de Nerón

El apóstol Pedro era el vocal para la iglesia del Nuevo Testamento. Claramente el líder entre los doce discípulos, Jesús le dio a Pedro las llaves del reino para abrir la experiencia del nuevo nacimiento a los judíos, a los gentiles y a los samaritanos. Jesús le llamó Pedro o Cefas (ambos significando "roca o piedra"), previamente conocido como Simón.

El apóstol Pedro describe un tiempo cuando el emperador Nerón persiguió grandemente a la iglesia. Cuando la ciudad de Roma se incendió, los romanos creyeron que su emperador era el responsable, probablemente debido a su increíble codicia de construir. Para poder construir, él tenía que destruir los edificios existentes. Para redirigir la culpa él escogió a los Cristianos, quienes eran aborrecidos ya, como los chivos expiatorios. Debido a que los creyentes estaban sufriendo una persecución ascendente, el propósito de la carta de Pedro era para animarles a vivir victoriosamente en medio de la feroz persecución sin perder la esperanza.

1 Pedro 1:7
7 Para que sometida a prueba vuestra fe, mucho más preciosa que el oro, el cual aunque perecedero se prueba con fuego, sea hallada en alabanza, gloria y honra cuando sea manifestado Jesucristo,

1 Pedro 4:12-14, 16, 19
12 Queridos, no os extrañéis del fuego que ha prendido en medio de vosotros para probaros, como si os sucediera algo extraño,
13 Sino alegraos en la medida en que participáis en los sufrimientos de Cristo, para que también os alegréis alborozados en la revelación de su gloria.
14 Dichosos de vosotros, si sois injuriados por el nombre de Cristo, pues el Espíritu de gloria, que es el Espíritu de Dios, reposa sobre vosotros.

16 Pero si es por cristiano, que no se avergüence, que glorifique a Dios por llevar este nombre.
19 De modo que, aun los que sufren según la voluntad de Dios, confien sus almas al Creador fiel, haciendo el bien.

1 Pedro 2:20, 21
20 Pues ¿qué gloria es, si pecando sois abofeteados, y lo soportáis? Mas si haciendo lo bueno sufrís, y lo soportáis, esto ciertamente es aprobado delante de Dios.
*21 Pues para esto fuisteis llamados; porque **también Cristo padeció por nosotros, dejándonos ejemplo**, para que sigáis sus pisadas;*

Pedro eventualmente dio su vida por el evangelio. La historia registra que tanto él como su esposa fueron crucificados. Él fue testigo de la crucifixión de ella y la animaba mientras sufría y moría. Entonces él solicitó ser crucificado boca abajo, declarándose a sí mismo indigno de morir crucificado como su Señor.

-- De la Biblia de Estudio de MacArthur

Ya que los creyentes a los que se dirige estaban sufriendo persecución intensificada (1 Pedro 1:6; 2:12; 3:9,13-18; 4:1,12-16,19), el propósito de esta carta era enseñarles cómo vivir victoriosamente en medio de esa hostilidad: 1) sin perder la esperanza; 2) sin amargarse; 3) mientras confiaban todavía en su Señor; y 4) mientras miran hacia Su segunda venida. Pedro deseaba impresionar en sus lectores que al vivir una vida obediente y victoriosa bajo coacción, un Cristiano puede en realidad evangelizar a su mundo hostil.

Los creyentes son constantemente expuestos a un sistema mundial energizado por satanás y sus demonios. Su esfuerzo es desacreditar a la iglesia y destruir su credibilidad e integridad. Una de las maneras en que trabajan estos espíritus es encontrar Cristianos cuyas vidas no son consistentes con la Palabra de Dios, y entonces hace alarde de ellos ante los incrédulos para mostrar la vergüenza que es la iglesia. Los Cristianos, sin embargo, deben pararse en contra del enemigo y acallar las críticas por el poder de sus vidas santas.

En esta epístola, Pedro es más bien efusivo al recitar dos categorías de la verdad. La primera categoría es positiva e incluye una larga lista de bendiciones otorgadas a los Cristianos. Mientras él habla sobre la identidad de los Cristianos y lo que significa conocer a Cristo, Pedro menciona un privilegio y bendición tras otros. Entretejido entre esta lista de privilegios está el catálogo de sufrimiento. Los Cristianos, aunque los más privilegiados, deben también saber que el mundo les tratará injustamente.

Su ciudadanía está en el cielo y ellos son extranjeros en un mundo hostil y energizado por satanás. Por ello la vida Cristiana puede ser resumida como un llamamiento a la victoria y la gloria a través de la senda del sufrimiento. Así, la pregunta básica que Pedro responde en esta epístola es: ¿cómo deben los Cristianos lidiar con la animosidad? La respuesta presenta verdades prácticas y se enfoca en Jesucristo como modelo de uno que mantuvo una actitud triunfante en medio de la hostilidad.[8]

4.9 Dios Está Trabajando en Nuestra Vida Eterna

Aunque Dios está interesado en nuestra vida temporal, Él pone más énfasis en nuestra vida eterna. El valor de la vida eterna es incalculable; vale más que el mundo entero.

No podemos entrar en la tierra prometida sin experimentar el desierto de la prueba. Aún Jesús se sujetó a Sí mismo a 40 días de prueba en el desierto antes de empezar Su ministerio milagroso.

Es la voluntad de Dios que progresemos en Su reino de un nivel al otro, de gloria en gloria. Con cada nivel habrá una prueba. La prueba vendrá siempre antes del ascenso. Cuando se necesita más fuerza en nuestro carácter para apoyar lo que Dios quiere hacer a través de nosotros, el fuego del Refinador será aplicado para templar nuestras vidas -- haciéndonos más fuertes.

- **Una prueba dura es un evento de aprendizaje que altera significativamente nuestras vidas mientras humildemente nos sometemos a la mano del Maestro.**

- **La prueba viene a nuestras vidas para hacernos estar dispuestos a salir de nuestra zona de comodidad. El crecimiento espiritual se queda estupefacto cuando permanecemos en nuestra zona de comodidad.**

El grano es molido y hecho harina para hace pan y sostener la vida. El ego debe ser molido para ser usado en el reino de Dios para dar vida a las almas perdidas y moribundas.

- **Cuando el ego (la voluntad propia, la justicia propia, la confianza propia, el amor propio) es molido, el martillo estará en las manos de nuestro Hacedor -- no solo para quebrantarnos sino para hacernos más como Él.**

Jer. 23:29
29 ¿No es mi palabra como fuego, dice Jehová, y como martillo que quebranta la piedra?

Deberíamos orar por un *"entendimiento de los tiempos"* -- los tiempos de prueba, y lo que Dios desea cambiar en nuestras vidas y cómo deberíamos responder. Podemos abrazar la cruz y dejar que Dios complete Su obra en nuestra vida o rechazarla, permaneciendo sin cambio. Para los que responden a la mano del Maestro, no será un tiempo negativo, sino uno positivo que les prepara para un mover más profundo de Su Espíritu.

-- De Una Entrevista con Rick Warren por Paul Bradshaw

La vida es una serie de problemas: O estás en uno ahora, estás saliendo de uno ahora mismo, o estás a punto de tener otro. La razón para ello es que:

Dios está más interesado en tu carácter que en tu comodidad. Dios está más interesado en hacer tu vida santa que en hacer tu vida feliz.

Queremos ser razonablemente felices aquí en la tierra, pero eso no es la meta de la vida. La meta es crecer cn carácter, en la semejanza de Cristo.[9]

Buscar Primeramente el Reino de Dios Quiere Decir:

- Someter cada área de nuestra vida a Su autoridad
- Lo que le sometemos a Él, Él lo bendice

* * * * *

La disciplina es la clave para asegurar que manejamos apropiadamente nuestros dones dados por Dios (tiempo, salud y riqueza) para lograr Su propósito eterno – sin tener remordimientos al final de nuestra vida.

5. La Disciplina Promueve el Cambio

La disciplina es la feliz rendición de una vida a un propósito más alto. Es decir: "no" a muchas cosas para que podamos decir: "sí" a unas cuantas búsquedas excelentes.

-- Del Nuevo Diccionario Mundial de Webster

La disciplina es la preparación que desarrolla el auto control, carácter, o un estricto control de orden y eficiencia para imponer la obediencia, sumisión a la autoridad y control, auto control.[1]

¿Qué nos impide que crezcamos espiritualmente? ¿Qué nos impide perseguir prioridades reales en nuestras vidas? ¿Qué causa la brecha entre lo que sabemos que deberíamos hacer y lo que realmente hacemos? La respuesta usualmente es **la falta de disciplina**. Refiérete a la Tabla H-21, "La auto disciplina mueve el cambio", en el Apéndice 1.

5.1 La Disciplina de Un Atleta Olímpico

Excelentes ejemplos de disciplina son los atletas preparándose para competir en los Juegos Olímpicos. Ellos se levantan muy temprano por la mañana para entrenarse, castigando a sus cuerpos con agotadores ejercicios para calificar. Disciplinados en su comida, ellos rechazan la comida de buen sabor por comida que les realzará su fuerza física y resistencia. Ellos se sacrifican toda su vida por muchos años para ganar una medalla de oro -- media onza de oro (14g).

De los cinco juegos de las antiguas olimpiadas, el apóstol Pablo se refiere a tres: correr, luchar y boxear.

1 Cor. 9:24-27
*24 ¿No sabéis que los que **corren en el estadio**, todos a la verdad corren, pero uno solo se lleva el premio? Corred de tal manera que lo obtengáis.*
*25 **Todo aquel que lucha**, de todo se abstiene; ellos, a la verdad, para recibir una corona corruptible, pero nosotros, una incorruptible.*
*26 Así que, yo de esta manera corro, no como a la ventura; de esta manera **peleo**, no como quien golpea el aire,*
*27 Sino que **golpeo mi cuerpo**, y **lo pongo en servidumbre**, no sea que habiendo sido heraldo para otros, yo mismo venga a ser eliminado.*

*27 Más bien, **golpeo mi cuerpo** y **lo domino**, no sea que, después de haber predicado a otros, yo mismo quede descalificado. NVI*

1. Correr –- ***corren en el estadio***

    stadion - una cierta medida de distancia; por implicación, un estadio o una pista de carrera.[2]

El ganador debe observar las leyes de la carrera, manteniéndose dentro de los límites marcados en blanco, o será descalificado por el juez.

2. Luchar - ***todo aquel que lucha***

    agonizomai - luchar, literalmente (competir por un premio), figurativamente (contender con un adversario, trabajar fervientemente.[2]

3. Boxear - ***peleo**, no como quien golpea el aire*

pukteo - boxear (con el puño), ej: contender (como un boxeador) en los juegos.[2]

Golpeo mi cuerpo

hupopiazo - golpear bejo el ojo (abofetear o incapacitar a un antagonista como un pugilista), ej: (figurativamente) molestar (en acatamiento); someter (las pasiones de uno mismo).[2]

-- De las Notas de Barnes

[Sino que golpeo mi cuerpo] hupoopiazoo. La palabra es derivada probablemente de [hupoopion], la parte de la cara "debajo del ojo" (Passow), y significa propiamente, golpear debajo del ojo, ya sea con el puño para rendir la parte lívida, o como decimos, "amoratado"; o como comúnmente se dice, "dejarle morado el ojo". La palabra es derivada, por supuesto, de los ejercicios atléticos de los griegos. Entonces llega a significar, "tratar a cualquiera con dureza, severidad, o crueldad"; y de allí también, para tratar cualquier inclinación o disposición de maldad; o someter el ego a una mortificación o auto negación, o a una disciplina severa y rígida, que todas las pasiones corruptas puedan ser removidas. La palabra aquí significa que Pablo hizo uso de todos los medios posibles para someter sus inclinaciones corruptas y carnales; para mostrar que él no estaba bajo el dominio de las pasiones del mal, sino que estaba totalmente bajo el dominio del evangelio.

[Y lo pongo en servidumbre] doulagoogoo. Esta palabra apropiadamente significa: reducir a servidumbre o esclavitud; y probablemente era usualmente aplicado al acto de someter a un enemigo, y dejándole cautivo en el campo de batalla; como los cautivos en la guerra que eran tomados como esclavos. Entonces significa, efectiva y totalmente someter, conquistar, reducir a esclavitud y sujeción. Pablo quiere decir con esto el propósito de obtener una completa victoria sobre sus pasiones propensiones corruptas, y un diseño de ganar la maestría sobre todas sus inclinaciones naturales y malas.

[No sea que] Pablo diseño hacer todo esfuerzo posible para ser salvo. Él sintió que había un peligro de ser engañado y perdido; y él quiso por cualquier medio tener una evidencia de piedad que permanecería ante la prueba del día del juicio.[3]

-- Del Comentario de Matthew Henry

Ellos toman dolores, y atraviesan todos los sufrimientos, para obtener una corona corruptible (v.25), pero nosotros una incorruptible. Los que vencían en estos juegos eran coronados solo con las marchitables hojas o ramas de árboles, de olivo o de laurel. Pero los Cristianos tienen una corona incorruptible en la mira, una corona de gloria que nunca se desvanece, una herencia incorruptible, reservada en el cielo para ellos. ¿Y tendrían ellos que aguantarse a sí mismos para ser superados por estos corredores o luchadores? ¿Pueden ellos usar la abstinencia en la dieta, esforzarse en la carrera, exponer sus cuerpos a tanto sufrimiento en un combate, ellos que no tienen nada en la mira más que las insignificantes hurras de una frívola multitud, o una corona de hojas? ¿Y los Cristianos, quienes esperan por una aprobación de un Juez soberano, y una corona de gloria de sus manos, no se esforzarán en la carrera celestial, y se esforzarán para vencer sus inclinaciones carnales?[4]

- **¿Quién será un atleta olímpico celestial? ¿Quién va por el oro -- no meramente una onza de oro, sino donde las calles están pavimentadas con oro puro? Al mismo tiempo, debemos mantener una vida disciplinada mientras corremos la carrera Cristiana.**

- El premio es la **vida eterna** -- cuyo valor no puede ser calculado.

5.2 Un Discípulo -- el Disciplinado

El hombre espiritual estará siempre luchando por vivir una vida de sacrificio y templada, porque al hacerlo, él está haciéndose tesoros en un lejano mundo mejor. La clave a la victoria, al poder y el logro es la auto disciplina personal.

"El discipulado" es sinónimo de la palabra "disciplina". Jesús nos llamó a todos a ser Sus discípulos, Sus estudiantes. La disciplina y el compromiso son requeridos para poner en práctica el ejemplo del Maestro. Por tanto, agradamos a nuestro Señor y Maestro viviendo una vida disciplinada.

Mat. 16:24
*24 Entonces Jesús dijo a sus discípulos: Si alguno quiere ser mi discípulo, niéguese a sí mismo [descártese, perder de vista, olvidarse de uno mismo y de sus propios intereses], y tome su cruz, y sígame [**aférrese fuertemente a Mi, confórmese completamente a Mi ejemplo en vivir y, si es necesario, en morir también**]. AMP*

Lucas 14:27
27 Y el que no lleva su cruz y viene en pos de mí, no puede ser mi discípulo.

Lucas 14:33
33 Así pues, cualquiera de ustedes que no renuncie (rinda la posesión, abandone, entregue, despida) a todas sus posesiones, no puede ser Mi discípulo. NBLH

Hay dos conceptos para llegar a ser un discípulo de Jesucristo – **prioridades** y **disciplina**. Debemos establecer nuestras prioridades, a través de ser **guiados por el Espíritu** y entonces disciplinarnos para mantenerlas.

173

- **La disciplina es la clave para asegurarnos que manejamos apropiadamente nuestros dones dados por Dios (tiempo, salud y riqueza) para lograr Su propósito eterno -- sin tener remordimientos al final de nuestra vida.**

5.3 Sometiendo Todo a la Autoridad de Cristo

La auto disciplina es una gran necesidad de nuestro tiempo. Debemos practicar la auto disciplina si queremos ser obedientes al Señor y experimentar el crecimiento espiritual.

La clave para la victoria, el poder y la vida abundante es la disciplina personal. La gente hace cambios y mejoras en sus vidas personales, en sus vidas académicas, carreras y vidas espirituales a través de la disciplina. La buena disciplina lleva a buenos hábitos, buenos hábitos llevan a buenas vidas.

La disciplina personal es rigorosa con los retos difíciles, mientras que también recompensa con realización. Mientras abrazamos la disciplina y aceptamos las demandas que hace sobre nosotros, nuestros sueños y visiones serán realizadas, y la vida que Dios nos ha llamado a cumplir será equilibrada.

La auto disciplina no acontece inmediatamente. Con una lucha continua y ser consistente, la autodisciplina puede llegar a ser automática. Resultará mucho más rápido **cuando nuestro llamamiento nos consume**. Nuestro primer llamamiento es a ser santos -- *"Llamados a ser santos" (Rom. 1:7).* Cuando el llamamiento de Dios excede la urgencia de los deseos físicos, estas distracciones no nos impedirán.

Jesús claramente describió la disciplina que Él requiere de Sus seguidores:
- **Ámame** más de lo que amas a cualquiera o cualquier cosa en este mundo. (Mat. 22:37, Mar. 12:30, Luc. 10:27)
- **Pónme a Mí primero** como tu prioridad más alta, entonces me ocuparé de ti y todas tus necesidades.

Mat. 6:31-33
31 No os afanéis, pues, diciendo: ¿Qué comeremos, o qué beberemos, o qué vestiremos?
32 Porque los gentiles buscan todas estas cosas; pero vuestro Padre celestial sabe que tenéis necesidad de todas estas cosas.
*33 **Mas buscad primeramente el reino de Dios y su justicia, y todas estas cosas os serán añadidas**.*

"Buscar primeramente el reino de Dios", es:
- Someter cada área a Su autoridad.
- Procesar cada decisión y plan (grande o pequeño) a través del filtro de Su señorío.

- **"Todas estas cosas os serán añadidas",** simplemente significa -- lo que sometemos a Cristo, Él bendice.

Con esta decisión de vivir bajo el amor y el señorío de Jesucristo, deberíamos **establecer nuestras prioridades** y metas:
- ¿Cuán a menudo ayunaré?
- ¿Cuán a menudo iré a la iglesia?
- ¿Cuán a menudo oraré?
- ¿Cuán a menudo ministraré las necesidades de los demás?
- ¿Cuánto de mis recursos (tiempo y dinero) daré?
- ¿Cuán a menudo leeré y estudiaré la palabra de Dios?

Entonces debemos aplicar la **disciplina** necesaria para asegurarnos que vivimos por estas prioridades y cumplimos nuestras metas.

Ocasionalmente, es útil llegar a estar en un lugar tranquilo y escribir lo que estamos haciendo en las áreas importantes de la vida, comparadas a lo que deberíamos estar haciendo. Las siguientes tablas en el Volumen Suplementario pueden ser de ayuda para revisar tales prioridades:

H-18 - Misión, Visión, Metas -- Manejar el tiempo

H-19 - ¿Cómo estoy manejando ahora mis recursos dados por Dios?

H-20 - ¿Cómo debería manejar adecuadamente los recursos dados por Dios?

Con la ayuda de Dios, deberíamos reconciliar las diferencias. Nadie más puede hacerlo por nosotros. Es llamado: ***"Trabajar en tu propia salvación con temor y temblor".***

Fil. 2:12, 13
*12 Así que, mis queridos hermanos, como habéis obedecido [mis sugerencias] siempre —no sólo [con el entusiasmo que mostráis] en mi presencia sino mucho más ahora en mi ausencia— **llevad a cabo vuestra salvación con temor y temblor**, (auto desconfianza, con seria caución, ternura de consciencia, vigilancia contra la tentación, encogiéndose tímidamente de lo que sea que pueda ofender a Dios y desacreditar el nombre de Cristo).*
13 [No con vuestra fuerza] pues Dios es quien produce en vosotros [energizando y creando en vosotros el poder y el deseo] tanto el querer como el hacer para que se cumpla su buena voluntad. BAD

Nuestras prioridades no deberían ser establecidas para acomodar lo que es conveniente o cómodo. Ellos deberían ser movidos por la Palabra de Dios, el varón de Dios, y el Espíritu de Dios:

- La Palabra escrita.
  - La Palabra predicada.
    - La voz apacible de Dios (Dios hablando a nuestro espíritu).

Algunas de estas áreas importantes de disciplina son resumidas abajo.

5.3.1 Disciplina en Nuestra Vida de Oración

Nuestra relación con Dios no prosperará sin hablar con Él a menudo y por períodos de tiempo de calidad. Dios nos habla en muchas maneras: la Palabra escrita, la Palabra predicada, profecía, sueños, y Su voz suave y apacible hablando a nuestros espíritus.

Nosotros nos comunicamos con Dios a través de la oración. La oración conecta nuestro oído espiritual para oír lo que el Espíritu está hablándonos. Permanecer en contacto personal con Dios en una base diaria se logra solo a través de la oración:

- *Orad sin cesar. (1 Tes. 5:17)*

- *Alégrense en la esperanza, muestren paciencia en el sufrimiento, perseveren en la oración. (Rom. 12:12) NVI*

Mat. 6:6
6 Pero tú, cuando te pongas a orar, entra en tu cuarto, cierra la puerta y ora a tu Padre, que está en lo secreto. Así tu Padre, que ve lo que se hace en secreto, te recompensará. BAD

Las relaciones profundas son imposibles sin pasar tiempo juntos. No es posible desarrollar una relación íntima con Dios dándole solo unos minutos al día y unas cuantas horas el domingo. Debemos incluir a Dios en nuestras actividades diarias -- caminar y hablar con Él. Crecer en el conocimiento de Dios es permitir a Su Espíritu cambiar el ego (el alma):

- Nuestra voluntad de hacer Su voluntad.

- Nuestra mente para pensar Sus pensamientos.

- Nuestras emociones para experimentar y compartir Su amor y compasión.

Mientras este proceso continua, llegaremos a ser parte de las *"mayores obras"* que Jesús nos retó a lograr. *(Juan 14:12)*

- **La oración consistente y persistente es la más grande disciplina y reto del Cristiano nacido de nuevo.**

Refiérete a la Sección 3, capítulo 1, "Oración - La última frontera de un Cristiano maduro".

5.3.2 Disciplina en Nuestros Hábitos de Lectura

Lee la palabra de Dios cada día. Lee y estudia la palabra, buscando revelación junto con conocimiento. Jesús dijo: *El espíritu es el que da vida; la carne para nada aprovecha; las palabras que yo os he hablado son espíritu y son vida. (Juan 6:63)*

Salmo 119:11, 105
11 En mi corazón he guardado tus dichos, Para no pecar contra ti.
105 Lámpara es a mis pies tu palabra, Y lumbrera a mi camino.

El General Harrison era un soldado modelo que llevó una vida ocupada y ultra cinética, pero él tenía un alto respeto por la palabra de Dios. Cada año, este graduado de West Point leía el Antiguo Testamento una vez y el Nuevo Testamento cuatro veces. Aún en tiempo de guerra, él mantuvo su compromiso durante los dos o tres días de descanso por reemplazo y reparaciones que seguían las batallas. Cuando la guerra terminaba, él todavía estaba al corriente.

A la edad de noventa, su frágil visión le prohibió cumplir su disciplina. Pero él había leído el Antiguo Testamento 70 veces y el Nuevo Testamento 280 veces.

Aún el hombre más ocupado puede disciplinarse a sí mismo para alimentarse sistemáticamente de la Palabra de Dios. **Tener una vida llena de la Palabra de Dios es ser profundamente influenciado y bendecido.**

Leer libros Cristianos de inspiración debería estar incluido en nuestra disciplina de lectura. Esto provee una aplicación diaria corriente para desafiar y alentarnos. Aquello en lo que meditamos influencia grandemente nuestra mente, determinando lo que seremos. La comida para los pensamientos alimenta ya sea el apetito carnal o el apetito espiritual, dependiendo de nuestra elección del material de lectura.

-- De Autor Desconocido

De la manera que una esposa fiel no puede descuidar una carta acabada de recibir de su largamente ausente esposo un Cristiano verdadero no puede descuidar el leer la carta de amor que Cristo nos ha escrito a nosotros – Su esposa. El nuevo convertido lee su Biblia – lee y ama – lee y llora, y todavía mira a través de sus lágrimas para leer más. Él encuentra tantas promesas amorosas, tantas declaraciones profundas de amor. Nadie recibirá nada tan rico y confortante de un compañero o amigo como esta carta de amor, la Biblia, escrita por Dios y enviada a cada uno de nosotros con un amor incondicional.[5]

5.3.3 Disciplina en Nuestra Asistencia a la Iglesia

Nosotros desarrollamos fortaleza interior a través de la atmósfera de un culto espiritual de la iglesia. El propósito de nuestra asistencia a la iglesia debería ser más que recibir una bendición para nosotros. Debería ser para adorar a Dios en armonía con nuestra familia espiritual y por ministrar a los que necesitan salvación, sanidad o liberación.

* **Cuando ponemos primero a Dios en nuestras vidas, vamos a ser tan fieles a Su casa como lo somos a nuestros trabajos y otros compromisos.**

Es mi oración que amemos y anhelemos la casa de Dios, como la expresión de deseo por la casa de Dios del Rey David:

Sal. 84:1, 2
1 ¡Qué hermoso es tu templo, Señor Todopoderoso!
2 Mi alma desea con ansia y emoción estar en los patios de tu templo, Señor. Mi corazón canta de alegría; al Dios vivo canta todo mi cuerpo. PDT

Sal. 84:10
10 Un día en tu templo es mejor que mil días en cualquier otro lugar. Preferiría ser el portero de la casa de mi Dios que vivir en

la casa de un perverso. PDT

El apóstol Pablo advirtió a los Cristianos -- no descuidéis la fidelidad a la casa de Dios, especialmente en los últimos días, ya que veis las señales del tiempo del fin cumpliéndose.

Heb. 10:24, 25
24 Consideremos y demos cuidado continuo y solícito a velar los unos por los otros, estudiando como agitar (estimular e incitar) el amor y las obras de ayuda y las actividades nobles,
*25 No **olvidando o descuidando el reunirse juntos [como creyentes], como es el hábito de algunas personas**, sino amonestándoos (advirtiendo, urgiendo, y animando) el uno al otro, **y cuánto más fielmente cuando veis que el día se acerca.** AMP*

Jesús nos animó a que nos congregáramos en un lugar común de adoración, prometiéndonos que estaría con nosotros.

Mat. 18:20
*20 Porque donde están dos o tres congregados en mi nombre, allí **estoy yo en medio de ellos.***

-- De Autor Desconocido

Hay muchos Cristianos en las listas de la iglesia y no tantos que son consistentemente fieles en su adoración en la casa de Dios. Al mismo tiempo, Jesús mismo nos recuerda que el camino es estrecho, la puerta es angosta, y los que entran y continúan en él son pocos en realidad.

Cuando alguien es dedicado a su pareja, que ellos aman verdaderamente, ellos serán devotos en agradarles y van a ir a los lugares a los que a ellos les gusta frecuentar. Jesús es nuestro amado esposo y es **Su deseo y placer** que nosotros nos reunamos con la familia de Dios en adoración, alabanza y devoción a Él, juntos en Su casa.[5]

5.3.4 Disciplina en Nuestro Ayuno

El ayuno es quitarle comida al hombre carnal y dársela al hombre espiritual, así debilitando lo carnal y fortaleciendo lo espiritual. El ayuno significa tener hambre más grande por Dios que por la comida espiritual.

El ayuno tiene muchos beneficios espirituales y físicos pero es una disciplina muy difícil.

El espíritu y el cuerpo están tan interrelacionados en el diseño creativo de Dios que observar un ayuno incluye beneficios espirituales, mentales y físicos. El ayuno es una manera muy valiosa de experimentar el diseño divino de salud total:

- Salud para el espíritu.
 - Salud para el alma (mental y emocional).
  - Salud para el cuerpo.

- **Cuando controlamos nuestro apetito físico, desarrollamos fuerza para controla nuestro apetito espiritual.**

5.3.5 Disciplina en Nuestra Diversión

El ojo es la ventana del alma. Lo que vemos nos influencia más que lo que leemos u oímos -- **una imagen vale más que mil palabras**.

Increíbles avances en la tecnología han creado una generación visual. Nuestra generación está grandemente influenciada y, en algunos casos, adversamente afectada por las imágenes del internet, la televisión, vídeo, ordenadores personales, y otras fuentes. Estas imágenes son usadas en cada aspecto de nuestra sociedad desde publicitar negocios inimaginables a todo tipo de diversión y entretenimiento.

Debemos ser disciplinados en lo que ponemos cada día delante de nuestros ojos. Esta disciplina debería filtrar todo lo que es injusto o nos hace estar desequilibrados en el uso de nuestro tiempo.

Sal. 101:2, 3
2 Entenderé el camino de la perfección Cuando vengas a mí.
En la integridad de mi corazón andaré en medio de mi casa.
3 No pondré delante de mis ojos cosa injusta.

La disciplina comienza con la mente. Las epístolas contienen muchas exhortaciones sobre la mente siendo controlada por el Espíritu de Dios. De Filipenses 4:8, entendemos que es una elección; nuestras selecciones para llenar nuestra mente son muy importantes. Lo que oímos y vemos afecta nuestros pensamientos, y es una parte integral de nuestra disciplina espiritual.

El apóstol Pablo establece guías para filtrar lo que **pensamos**, las cuales también son aplicables a lo que **oímos y vemos**. Las palabras en el siguiente pasaje: *"en esto pensad"* pueden ser cambiadas a: **"esto escuchad"** o **"esto mirad"**. Lo que oímos y vemos afectan directamente nuestros pensamientos.

Fil. 4:8, 9
*8 Por lo demás, hermanos, todo lo que es **verdadero**, todo lo **honesto**, todo lo **justo**, todo lo **puro**, todo lo **amable**, todo lo que es **de buen nombre**; si hay **virtud** alguna, si algo **digno de alabanza**, **en esto pensad**.*

*8 Por último, hermanos, piensen en todo lo **verdadero**, en todo lo que es **digno de respeto**, en todo lo **recto**, en todo lo **puro**, en todo lo **agradable**, en todo lo que tiene **buena fama**. Piensen en toda clase de **virtudes**, en todo **lo que merece alabanza**.*
9 Sigan practicando lo que les enseñé y las instrucciones que les di, lo que me oyeron decir y lo que me vieron hacer: háganlo así y el Dios de paz estará con ustedes. DHH

Escuchar u observar imágenes de cualquier cosa que viola este filtro es carnal y adversamente influenciará y afectará al hombre espiritual.

- Ver imágenes o texto o escuchar voces que describen o ensalzan el pecado como parte de nuestro entretenimiento (disfrute) es pecado. Y si es continuado sobre un período de tiempo apagará la voz de la conciencia y la voz del Espíritu, porque el hombre carnal puede justificar cualquier cosa que la conciencia o el Espíritu de Dios condena.

Una simple definición del pecado (aunque no del todo inclusive) es suficiente para identificar lo que debería ser evitado en lo que vemos y oímos, y es definido en:

- **Los Diez Mandamientos en el Antiguo Testamento:**
  Tomar el nombre de Dios en vano, deshonrar a los padres, adulterio, matar, robar, mentir, codiciar, etc. (Ex. 20:1-17)

- **Las Obras de la Carne Descritas en el Nuevo Testamento:**
  Adulterio, fornicación, inmundicia, lascivia, idolatría, hechicerías, enemistades, pleitos, celos, iras, contiendas, disensiones, herejías, envidias, homicidios, borracheras, orgías, y cosas semejantes a estas. (Gal. 5:19-21)

Resumiendo la disciplina en cuanto a lo que vemos y oímos, leemos advertencias del apóstol Pablo, de Jesús, del rey David y de Job.

Las Palabras del Apóstol Pablo
La pregunta: **"¿Es pecado ver el pecado?"** es tocada en los escritos del apóstol Pablo y dos comentarios relacionados.

Rom. 1:29-32
29 Estando atestados de toda injusticia, fornicación, perversidad, avaricia, maldad; llenos de envidia, homicidios, contiendas, engaños y malignidades;
30 Murmuradores, detractores, aborrecedores de Dios, injuriosos, soberbios, altivos, inventores de males, desobedientes a los padres,

31 Necios, desleales, sin afecto natural, implacables, sin misericordia;

*32 Quienes habiendo entendido el juicio de Dios, que los que practican tales cosas son dignos de muerte, no sólo las hacen, **sino que también se complacen con los que las practican**.*

-- Del Comentario de Jamieson, Fausset, and Brown

Sino que también se complacen (o 'consienten') **con los que las practican**, [suneudokousin]. La palabra expresa la idea de satisfacción positiva en una persona o cosa.[6]

-- Del Comentario de Matthew Henry

No sólo las hacen, **sino que se complacen con los que las hacen**. La violencia de una presente tentación puede hacer que un hombre se apresure a la comisión de tales pecados en los cuales el viciado apetito puede recibir placer; pero ser complacido con los pecados de los demás es amar el pecado por la causa del pecado: es unirse en una confederación por el reino y los intereses del diablo. Nuestros propios pecados son muy agravados por nuestra concurrencia a, y complacencia en, los pecados de los demás.[4]

Las Palabras de Jesús

Mat. 5:28, 29

28 Pero yo os digo que cualquiera que mira a una mujer para codiciarla, ya adulteró con ella en su corazón.

29 Por tanto, si tu ojo derecho te es ocasión de caer, sácalo, y échalo de ti; pues mejor te es que se pierda uno de tus miembros, y no que todo tu cuerpo sea echado al infierno.

28 Pero ahora yo les aseguro que si un hombre mira a otra mujer y desea tener relaciones sexuales con ella, ya fue infiel en su corazón.

29 Si lo que ves con tu ojo derecho te hace desobedecer a Dios, sácatelo y tíralo lejos. Es mejor perder una parte del cuerpo y no que todo el cuerpo sea echado al infierno. BLS

-- Del Comentario de la Biblia de Wycliffe

Jesús indicó que el pecado descrito en Ex. 20:14 se tiende más profundamente que el acto declarado. Cualquiera que mira caracteriza al hombre cuya mirada no es revisada por una compostura santa, y quien forma el propósito impuro de codiciarla. El acto seguirá cuando la oportunidad ocurra.

Al hombre que culpa el pecado sobre sus ojos, Jesús muestra el procedimiento lógico a seguir. Como cuando amputamos órganos muertos para salvar vidas, así un ojo (o una mano) tan desesperanzadamente afectada necesita un tratamiento drástico. Por supuesto, Jesús quería que sus oyentes vieran que la fuente real del pecado no descansa en el órgano físico sino en el corazón. El corazón malo del hombre debe ser cambiado si quiere escapar de la ruina final en el infierno.[7]

Las Palabras del Rey David

Sal. 119:37
37 Aparta mis ojos, que no vean la vanidad; Avívame en tu camino.

-- De las Notas de Barnes

[Aparta mis ojos, que no vean vanidad] Cosas vanas; cosas malas; cosas que me harán descarriar de lo que es real y verdadero. Has que mis ojos pasen rápidamente de tales objetos, que yo no los mire, que no los contemple, que no permanezca sobre ellos. Hay un peligro en mirar fijamente al pecado; en inspeccionar sus detalles; en regresar a contemplarlo. Un objeto feo pierde mucho de su deformidad cuando lo miramos a menudo. El pecado sigue esta regla general, y debe ser evitado totalmente, aún en su contemplación, si queremos estar a salvo. Un hombre debe estar agradecido en este mundo que tiene párpados; y cuando puede cerrar sus ojos, debe hacerlo a menudo.[3]

185

Los Escritos de Job

Job 31:1

*1 Hice **pacto con mis ojos**; ¿Cómo, pues, había yo de mirar a una virgen?*

-- De la Notas de Barnes

Hay mucho énfasis en la expresión usada aquí por Job. Él no solamente dice que ha tenido un pensamiento tal, sino que la cosa era moralmente imposible para él hacerla. Cualquier cargo de ese tipo, o cualquier sospecha, él la rechazaría con indignación. Su propósito de llevar una vida pura, y de guardar un corazón puro, había estado tan asentado, que era imposible que él hubiese ofendido en ese aspecto.

Su propósito, también, de no pensar en este tema, mostró la extensión de la restricción impuesta sobre sí mismo. **No era meramente su intención de llevar una vida casta, y evitar el pecado abierto, sino que era mantener un corazón puro, y no sufrir la mente para llegar a estar corrompido por permanecer en imágenes impuras,** o siendo indulgente con los deseos impíos. Esto muestra fuertemente la piedad y la pureza de corazón de Job, y es una hermosa ilustración de la religión patriarcal.

Podemos resaltar aquí, que si un hombre desea mantener pureza en la vida, debe hacer un pacto como este consigo mismo - uno tan sagrado, tan solemne, tan firme, que no permitirá que su mente albergue un pensamiento inapropiado. "El pasaje mismo de un pensamiento impuro a través de la mente deja polución detrás"; y los estruendosos crímenes de la vida son solo un resultado de permitir que la imaginación permanezca en las imágenes impuras.

Ya que el ojo es la gran fuente de peligro, debería haber un propósito solemne que debería ser puro, y que cualquier sacrificio debe realizarse en vez de permitir la **indulgencia**

a una mirada licenciosa. Ningún hombre se ha guardado mucho sobre este tema; nadie ha hecho un pacto tal con sus ojos, y con toda su alma para ser casto.[3]

5.3.6 Disciplina en Nuestra Conversación

La lengua es el miembro más incontrolable de nuestro cuerpo según Santiago 3:2-8. Esta es la razón por la que Dios toma el control de nuestra lengua cuando nos llena con Su Espíritu.

Santiago 3:2
2 ...Si alguno no ofende en palabra [nunca dice las cosas equivocadas], éste es varón perfecto y de carácter completamente desarrollado, capaz también de controlar y de refrenar toda su naturaleza. AMP

1 Tim. 4:12
*12 ...Sé **ejemplo de los creyentes** en palabra, conducta, amor, espíritu, fe y pureza.*

Mat. 12:36
*36 Mas yo os digo que de toda palabra ociosa que hablen los hombres, de ella **darán cuenta** en el día del juicio.*

Nuestra conversación debería hablar en términos positivos desde una posición de fe. Evita palabras negativas, como: "No puedo... soy débil... siempre fallo". En vez, di: *"Todo lo puedo en Cristo que me fortalece." (Fil. 4:13)*

5.3.7 Disciplina en Nuestras Amistades

Escoge tus amistades cuidadosamente. *"El que anda con sabios, sabio será; Mas el que se junta con necios será quebrantado." (Prov. 13:20).*

Los Cristianos equilibrados deberían tener amigos piadosos que les animarán y desafiarán a destacar. Al mismo tiempo, ellos deberían extenderse como amigo para los pecadores, mostrándoles el camino para la salvación. No seremos afectados por el pecado de ellos; sino que nosotros les influenciaremos como la *"sal de la tierra"* y como luz en un mundo oscuro.

- **Un Cristiano equilibrado se extenderá hacia abajo para ayudar a alguien que necesita a Dios mientras que se extiende hacia arriba hacia una persona de influencia piadosa como contrapeso.**

Jesús, alcanzando a los pecadores, comió con ellos. Los líderes religiosos le criticaron como: *"amigo de pecadores"*.

5.3.8 Disciplina en Nuestra Responsabilidad

Todos necesitan ser responsables a alguien. Nos necesitamos el uno al otro. Somos responsables a:

- Dios
    - El varón de Dios
        - El uno al otro

Responsables a Dios

Todos estaremos ante el tribunal de Cristo para dar cuenta por nuestras acciones. Para asegurarnos que pasaremos la prueba final de Dios en el juicio, debemos ser responsables hacia Dios cada día:

2 Cor. 5:10
*10 Porque es necesario que todos **nosotros comparezcamos ante el tribunal de Cristo**, para que cada uno reciba según lo que haya hecho mientras estaba en el cuerpo, sea bueno o sea malo.*

Responsables al Varón de Dios

Es el plan de Dios que haya un varón de Dios, un pastor, para proveernos dirección espiritual y guía. **Al igual que ellos son responsables hacia Dios por nosotros, así nosotros debemos ser responsables hacia ellos.**

Efe. 4:11, 12
*11 Y él mismo constituyó… pastores… a fin de **perfeccionar a los santos**…*

Heb. 13:17
*17 Obedeced a vuestros pastores, y sujetaos a ellos; porque **ellos velan por vuestras almas, como quienes han de dar cuenta**; para que lo hagan con alegría, y no quejándose, porque esto no os es provechoso.*

Eze. 3:17
*17 Hijo de hombre, yo te he puesto por **atalaya** a la casa de Israel; oirás, pues, tú la palabra de mi boca, y los **amonestarás de mi parte**.*

Responsables el Uno al Otro
Todos necesitan ser responsables hacia alguien -- una pareja, un padre, un amigo, etc. Debemos tener mentores y debemos ser mentores de los demás.

Heb. 10:24
*24 Consideremos y demos cuidado continuo y solícito a **velar los unos por los otros**, estudiando como agitar (estimular e incitar) el amor y las obras de ayuda y las actividades nobles. AMP*

1 Tim. 4:12
*12 ... Sé **ejemplo de los creyentes** en palabra, conducta, amor, espíritu, fe y pureza.*

5.3.9 Disciplina en Nuestros Tratos de Negocios
1 Tim. 2:1-3
1 Exhorto ante todo, a que se hagan rogativas, oraciones, peticiones y acciones de gracias, por todos los hombres;
*2 **Por los reyes y por todos los que están en eminencia**, para que vivamos quieta y reposadamente en toda **piedad y honestidad**.*
3 Porque esto es bueno y agradable delante de Dios nuestro Salvador,

2 Cor. 8:21
21 Nuestro propósito es hacer lo que es correcto, no solo a los ojos del Señor, sino a los ojos de los demás. GNT

La honestidad es necesaria en todos los tratos de negocios con los gobiernos y compañías -- aún cuando cuesta dinero o duele en otras maneras. A veces, costará ser honesto en las transacciones de negocios tales como registrar los impuestos a la renta (reportar los ingresos de efectivo, etc.). Debemos ser completamente honestos cuando firmamos una declaración de impuestos declarando que registra todo nuestro ingreso. Dios se ocupará de la diferencia cuando nos adherimos a los principios en Su palabra. De otra manera, Sus bendiciones serán retenidas. El rey David toca esto en *Salmo 15:4 "El que aun jurando en daño suyo, no por eso cambia... El que hace estas cosas, no resbalará jamás."*

-- De Notas de Barnes

Sal 15:4 [El que aún jurando en daño suyo, no por eso cambia] Quien ha hecho una promesa, o entrado en un contrato, que es muy probable que salga contrario a sus expectativas, a su propia desventaja; pero que todavía se adhiere a su compromiso. Él no tiene la libertad de violar un acuerdo simplemente porque le resultará en pérdida a él, o porque él establece que no le será, como supuso, ventajoso. Los principios aquí establecidos se extenderán a todos los contratos o acuerdos, pecuniarios o de otra índole, y deberán ser un principio general regulando todas nuestras transacciones con los semejantes. La única limitación en la regla es cuando la promesa o el contrato involucrarían lo que está moralmente incorrecto.[3]

5.3.10 Disciplina en Nuestra Carrera

Es honorable ser motivado por una carrera. La Biblia enseña que es nuestro deber mantener a nuestras familias.

1 Tim. 5:8
8 Porque si alguno no provee para los suyos, y mayormente para los de su casa, ha negado la fe, y es peor que un incrédulo.

1 Tes. 4:11
11 Haz que sea tu meta vivir una vida tranquila, ocuparte de tus negocios, y ganar tu sustento. GNT

Pero hay dos lados en la moneda con respecto a perseguir una carrera:

- Primero, está alguien que no trabajará ni hará un sustento razonable; este tipo no es motivado por el crecimiento espiritual.

- Segundo, uno que está fuera de equilibrio en cuanto a la cantidad de tiempo gastado trabajando comparado con lo que gasta en otras cosas importantes. Debemos equilibrar el tiempo gastado en perseguir una carrera, devoción a Dios y a nuestras familias, y otras responsabilidades.

Esto es particularmente difícil de manejar para los ministros y otra gente profesional cuyo trabajo es progresivo -- nunca es completado. No hay una clara distinción entre el trabajo y el tiempo personal porque los asuntos son integrales al proceso de pensamiento y no pueden ser dejados en la oficina. Otro asunto, frecuente en el lugar de trabajo de hoy en día, es **las irracionales demandas de la administración para que el profesional produzca**. Muchas veces el producto es intangible y difícil de medir el progreso hacia el cumplimiento.

Todos deben evaluar la cantidad de tiempo que debe ser apropiadamente repartido a las muchas demandas de la vida. Debemos someter este asunto a la autoridad de Jesucristo y orar que Él nos ayude a equilibrar nuestro tiempo en una manera que le agrada a Él.

Mat. 6:33
33 Mas buscad primeramente el reino de Dios y su justicia, y todas estas cosas os serán añadidas.

Cuando sometemos nuestra carrera a la autoridad de Dios, Él bendecirá nuestro trabajo, haciéndonos más productivos -- trabajando pocas horas.

Deut. 28:1, 8
1 Acontecerá que si oyeres atentamente la voz de Jehová tu Dios, para guardar y poner por obra todos sus mandamientos que yo te prescribo hoy...
*8 Jehová te enviará su bendición sobre tus graneros, y **sobre todo aquello en que pusieres tu mano**...*

Se ha dicho: "Al final de tu vida, tú desearás no haber pasado más tiempo en tu trabajo". Esta evaluación es común de personas que están terminalmente enfermas. En casa caso cuando ellos recibieron el informe del médico, dos prioridades emergieron -- su relación con Dios y con su familia. Nada más parecía importante.

5.3.11 Disciplina en Nuestro Tiempo

El tiempo es el recurso más valioso que Dios le ha dado al hombre. Cada día Él deposita 1,440 minutos en nuestra cuenta, y somos responsables sobre cómo los usamos. El tiempo desperdiciado es como el agua derramada en el suelo; se pierde para siempre. Dios nos perdonará el pecado, pero Él no nos devolverá el tiempo que hemos desperdiciado.

- **Uno de los desafíos más grandes es manejar y usar sabiamente nuestro tiempo (nuestro más valioso recurso) con actividades sanas añadiendo valor a nuestra vida y a los demás.**

- **No cometas el error común que mucha gente comete -- juzgar mal la brevedad de la vida y la longitud de la eternidad.**

La escritura enseña que el tiempo es valioso y que debemos usarlo sabiamente. El rey David, el rey Salomón y Job tocan esta brevedad y fragilidad de la vida:

Sal. 39:4
4 Hazme saber, Jehová, mi fin, Y cuánta sea la medida de mis días; Sepa yo cuán frágil soy.

Ecl. 12:5-7
5 Porque el hombre va a su morada eterna, y los endechadores andarán alrededor por las calles;
*6 Antes que **la cadena de plata se quiebre**, y **se rompa el cuenco de oro**, y **el cántaro se quiebre** junto a la fuente, y la rueda sea rota sobre el pozo;*
7 Y el polvo vuelva a la tierra, como era, y el espíritu vuelva a Dios que lo dio.

Job 7:6
*6 Y mis días fueron **más veloces** que la lanzadera del tejedor, Y fenecieron sin esperanza.*

Job 16:22
*16 Mas **los años contados** vendrán, Y yo iré por el camino de donde no volveré.*

-- De Autor Desconocido

Si el tiempo es de todas las cosas lo más precioso, perder el tiempo debe ser el mayor pecado, ya que el tiempo perdido nunca se vuelve a hallar. Lo que llamamos tiempo suficiente siempre prueba ser demasiado poco. Amainemos entonces y hagamos, hagamos según el propósito; para que por la diligencia hagamos más con menos perplejidad.[5]

-- De Autor Desconocido

No gastes tu tiempo en nada que tú:
- Tengas que arrepentirte.
- No puedas orar por las bendiciones de Dios.
- No puedas revisar con una consciencia tranquila en tu lecho de muerte.

- Puedas, insegura e inapropiadamente, ser hallado haciendo si la muerte te sorprende en el acto.[5]

El Salmo 90, una oración de Moisés, habla de la brevedad del tiempo: *"Los días de nuestra edad son setenta años; Y si en los más robustos son ochenta años, Con todo, su fortaleza es molestia y trabajo, Porque pronto pasan, y volamos. ¿Quién conoce el poder de tu ira, Y tu indignación según que debes ser temido? Enséñanos de tal modo a contar nuestros días, Que traigamos al corazón sabiduría."*

Pensamos en términos de una vida entera, pero Dios piensa en términos de eternidad.

- Estamos viviendo en el tiempo -- trabajando en una vida temporal.
- Dios está viviendo en la eternidad -- preparando nuestra vida eterna.

La vida es breve, un vapor que aparece por un breve tiempo y después se desvanece. Es una sombra pasajera, una ligera pisada sobre las orillas del tiempo. Ya que Dios da a las rocas un millón de años, a los árboles mil años, a los elefantes cien años, y al hombre solo setenta, ilustra que la vida del hombre es muy breve.

-- De "La Tiranía del Tiempo" por Melody Ringo

Después de perder un número de seres queridos en un breve período de tiempo, aprendí una verdad que altera la vida en medio de terrible pena: el tiempo no espera a ningún hombre, mujer o niño. La vida que vivimos hoy puede irse en un instante. Nosotros nos engañamos profundamente si pensamos que podemos pasar por alto el siguiente momento en el tiempo. A menudo pensamos erróneamente que tenemos todo el tiempo del mundo para vivir, para respirar, para amar y soñar. Ya no pasaré por alto el tiempo.

Estoy determinada a pasar mi tiempo viviendo mis sueños y usando los dones que me han sido dados para ayudar, motivar e inspirar a los demás en vez de solo pensar en hacerlo. Dejar las cosas para más tarde, la indiferencia y la insensatez me han robado demasiado tiempo que nunca me será devuelto – pero ya no más. Redimiré cada momento de mi vida desde este día en adelante, completamente consciente de que cada día es un don especial, cada experiencia tiene un propósito, cada vida que se cruza con la mía es algo raro, único y que debe ser atesorado. Finalmente, el tiempo es lo que hacemos nosotros del él. Úsalo sabiamente.[8]

Job 14:1, 2
1 El hombre nacido de mujer, Corto de días, y hastiado de sinsabores,
2 Sale como una flor y es cortado, Y huye como la sombra y no permanece.

Sal. 103:15, 16
15 El hombre, como la hierba son sus días; Florece como la flor del campo,
16 Que pasó el viento por ella, y pereció, Y su lugar no la conocerá más.

- **Cuanto más tiempo le damos a Dios, más nos devolverá Él a nosotros.**

Lucas 6:38
38 Si dais, recibiréis. Vuestro don regresará en medida complete, apretada, remecida para hacer sitio para más, y rebozando.
Cualquier medida que uséis en dar *- grande o pequeña --* ***será usada para medir lo que se os da a vosotros****. NLT*

Este verso es generalmente usado para apoyar el dar dinero a Dios y que Él multiplicará el resto. Pero más valioso e importante que el dinero es nuestro tiempo.

- **Más valioso que nuestro don del dinero a Dios y a los demás es nuestro don del tiempo.**

Cuando le damos a Dios más tiempo en devoción personal, fidelidad a Su casa, y servicio Cristiano, Dios multiplicará y dará tiempo de vuelta en numerosas maneras, incluyendo estas:

- Eliminar problemas en nuestra vida que nos costarían cientos de horas.
- Hacernos más productivos en el uso del tiempo en nuestras responsabilidades diarias.

El Fin del Tiempo

Registrado en Apocalipsis, capítulo 10, un ángel establecerá su pie derecho sobre el mar, su pie izquierdo sobre la tierra y proclamará que **el tiempo no será más**. Seremos conducidos hacia la extensión vasta de una eternidad inmensurable.

- **Estamos viviendo en el tiempo del fin; es demasiado tarde para tomar elecciones arriesgadas con respecto a nuestra vida eternal. No debemos ser descuidados en nuestro caminar con Dios; no hay suficiente tiempo para corregirlas antes de pararnos ante el tribunal de Cristo.**

Que nuestra meta y determinación sean vivir sin remordimientos, usando sabiamente el tiempo, nuestro más preciado recurso.

Efe. 5:15-17
*15 ¡Mirad entonces cuidadosamente cuando caminéis! **Vivid resuelta y dignamente y con precisión,** no como los necios y tontos, sino como sabios (gente sensible e inteligente),*
*16 **Sacando el mayor provecho del tiempo** [acaparando cada oportunidad], porque los días son malos.*
*17 Por tanto no seáis vagos y desconsiderados y necios, sino entendidos y firmemente agarrando **cual sea la buena voluntad del Señor.** AMP*

Que nuestra oración sea la del profeta Balaam: *"**Muera yo la muerte de los justos, y que mi fin sea como el suyo".**

III.

Crecimiento Espiritual - La Necesidad de la Oración

Lo pionero en la frontera del reino de Dios será:

- *Buscar nuevas alturas y profundidades en el Espíritu.*

- *Poner en fuego una pasión de perseguir el propósito y la voluntad de Dios.*

- *Disciplinado y movido a la oración consistente y persistente.*

1. Oración – La Última Frontera de un Cristiano Maduro

Un tiempo emocionante en la historia norteamericana fue cuando Norte América fue establecido por los pioneros. Gente valiente que dejó las comodidades de casa y se dirigieron hacia el oeste en vagones cubiertos por la promesa de una vida mejor. Ellos eran osados, valientes y desesperados. Estos pioneros previeron el ir a nuevos lugares; ellos estaban cansados de lo ordinario.

Otra palabra describe esta era. Es en respecto a su destino -- **la frontera**. Una frontera se refiere a un área no desarrollada. Una frontera significa un nuevo **territorio sin registros gráficos** donde nadie ha estado jamás.

-- Del Nuevo Diccionario de Colegio Mundial de Webster

> Una frontera es la parte de un país que es inexplorada o no desarrollada. Cualquier campo de aprendizaje, pensamiento, etc., o cualquier parte de un campo que no está completamente investigado, ej: una frontera de la medicina, la aviación o la tecnología.[1]

Una frontera puede aplicarse a otras áreas tales como la medicina. Los médicos están constantemente explorando la frontera de la medicina. Una frontera puede involucrar otras disciplinas tales como la aviación y la tecnología de la informática.

Una frontera espiritual se refiere a:

- Nuevo territorio -- lugares donde nunca has estado en el Espíritu y en tu relación con Dios.

- Experimentar el campo de batalla y el campo de cosecha más allá de tu participación anterior.

La última frontera a ser conquistada por el Cristiano maduro no es el mundo, la carne o el diablo; estos aluden a defendernos a nosotros mismos de sus fuerzas. El concepto de la frontera requiere movernos hacia la ofensiva. Es empujar hasta el límite, experimenta el **lado sangriento del sacrificio y la abnegación**, moviéndonos donde nunca hemos estado en el reino de Dios para alcanzar eficazmente a los perdidos.

- **El Cristiano maduro conquista la última frontera siguiendo la insuperada senda hacia el nuevo territorio (lo sobrenatural) a través de la puerta de la oración.**

Debemos conscientemente escoger pasar tiempo con Dios cada día. Tenemos que persistir en encontrar tiempo para hablar con Él. Las distracciones ilimitadas como los pasatiempos, entretenimiento, educación, carrera, posesiones materiales, amigos, familia, y horarios seculares abarrotados de gente hacen que la oración sea descuidada.

Mientras que en sí mismas, pueden no ser pecado; ellas llegan a ser pecado cuando excluimos de nuestras vidas a la oración. Esto puede incluir estar demasiado involucrados en el ministerio de Marta en vez que en el ministerio de María -- hacer las buenas cosas, incluyendo el servicio Cristiano, a la exclusión de las cosas mejores, sentarse a los pies de Jesús. Las bendiciones especiales resultan cuando nos retiramos a un lugar solitario, como Jesús, por un tiempo de oración diaria. Es un sacrificio de la voluntad, un acto de disciplina; es trabajo.

Marcos 1:35 Jesús, nuestro ejemplo de oración.
35 Levantándose muy de mañana, siendo aún muy oscuro, salió y

se fue a un lugar desierto, y allí oraba.

Lucas 6:12En aquellos días él fue al monte a orar, y pasó la noche orando a Dios.

-- De E. M. Bounds

La gente que ha hecho más por Dios en este mundo ha estado temprano sobre sus rodillas. Aquel que desperdicia la mañana, su oportunidad y su frescura, en otras actividades que buscar a Dios pobremente buscará a Dios el resto del día. Si Dios no es primero en nuestros pensamientos y esfuerzos en la mañana, él estará en lo último que queda del día.[2]

Satanás nos ataca diariamente en nuestro armario de oración. Él desafía nuestra decisión de pasar buen tiempo de calidad hablando con Dios en oración. Él te convencerá que no tienes tiempo. Pero Dios te dará de vuelta el tiempo, y más, si le buscas primero a Él. Como discutimos en el capítulo anterior, **cuando le damos tiempo a Dios, Él nos bendecirá y multiplicará el resto.**

La historia cuenta sobre Napoleón y sus generales en una de sus expediciones. De los mapas, ellos estaban en desacuerdo sobre dónde se encontraban. Finalmente, Napoleón anunció: "Caballeros nos hemos salido de los mapas, estamos en algún lugar en el que nunca hemos estado, estamos en territorio sin registrar."

Debemos dejar nuestras zonas de comodidad y marchar fuera de los mapas hacia el reino de Dios donde nunca hemos estado antes. Es tiempo de cruzar el Jordán hacia las promesas de Dios de lo sobrenatural, dejando detrás los improductivos esfuerzos en el desierto. El reto es el nuevo territorio, nuevas victorias, y más unción en nuestras vidas (habilidad divina contra nuestra habilidad).

Una **frontera natural** denota sacrificio -- dejando la muerte familiar. Una **frontera espiritual** también requiere sacrificio -- oración, ayuno, pureza, servicio, y muerte del hombre carnal. Esto nos llevará a niveles nuevos en nuestra relación con Dios, dándonos nueva unción para hacer Su trabajo.

La mejor cosa que podemos hacer por nuestra pareja, hijos, amigos, iglesia y nosotros mismos es orar. La oración abastece el motor de nuestra relación con Dios. Sin ella, nuestro hombre espiritual morirá. Si alguien no está cumpliendo nuestras expectativas o está causando problemas, debemos orar por ellos, según las instrucciones de Jesús.

*Mat. 5:44 Pero yo os digo: Amad a vuestros **enemigos**, bendecid a los que os maldicen, haced bien a los que os aborrecen, y **orad** por los que os ultrajan y os persiguen;*

Nosotros enfrentamos problemas, presiones y predicamentos imposibles. Pero, sobre nuestras rodillas encontramos sabiduría para las decisiones difíciles, poder para las situaciones desafiantes y amor para la gente que nos maltrata. La más grande fuente de poder interno es la oración.

La oración es trabajo. La oración es a veces intensa y difícil -- luchar a través de los impedimentos de satanás y de uno mismo. La oración eficaz trae sumisión de nuestra voluntad a la Suya. La oración cambia las cosas tanto como el corazón de la persona que ora.

Antes que Jesús, como hijo de hombre, tocara al enfermo y solitario, Él primero tocó el trono de Dios. Antes de mostrar Su poder, Él lo recibió. Una victoria privada, a solas en oración precede la unción en público. Cuando oramos en privado, tendremos poder en público.

Lo que era cierto para Jesús es especialmente cierto para nosotros. No hay "secretos" para el poder. El "secreto" se halla en un lugar solitario a solas con Dios. Si invertimos en la oración, cosecharemos los dividendos en poder.

¿Cuál fue el tiempo más difícil para Jesús al final de Su ministerio? ¿Fue Su oración en el huerto de Getsemaní, o fue Su sufrimiento en la cruz? Estudiar los varios registros del evangelio, Le vemos luchando en la oración en el huerto, luchando a través de Su temor y voluntad humanos. Orar era difícil; Su sudor era como gotas de sangre. Él pasó la noche en oración en el Monte de los Olivos. Él cayó sobre Su rostro, orando con llanto fuerte lágrimas.

*Heb. 5:7 Y Cristo, en los días de su carne, ofreciendo ruegos y súplicas **con gran clamor** y lágrimas al que le podía librar de la muerte, fue oído a causa de su temor reverente.*

Jesús puso el ejemplo para la oración. La oración era Su vida; Su vida era la oración. La oración era la fuente de poder y dirección para Jesús, como Hijo de hombre, para cumplir Su misión. Más de 20 veces los evangelios llaman la atención a Jesús en oración.

Jesús ganó la victoria en el huerto. Él recibió fortaleza para soportar la muerte más cruel y dolorosa en la cruz. Él calmadamente habló paz a los que estaban a Su alrededor. Cuando vino la prueba más difícil, Él ya había ganado la victoria a través de la oración.

Si Jesús necesitaba este tipo de oración para enfrentar Su hora de prueba, cuánto más nosotros necesitamos orar. Jesús sabía que Él debía terminar Su obra; para hacerlo, Él oró fervientemente, diligentemente, consistentemente, y persistentemente.

Si vamos a terminar la obra que Él nos ha encomendado, debemos orar como Jesús oró. Otros en las escrituras que ganaron la batalla en oración, antes de la batalla, fueron Daniel y los tres jóvenes hebreos.

Jesús claramente enfatizó que la oración era importante y obligatoria para el Cristiano cuando Él dijo en *Mat. 6:7, Mar. 11:25*, and *Luc. 11:2, "cuando oréis. . .",* no "si oráis."

Podemos usar la oración como una cuenta corriente – apurándonos en hacer un depósito para cubrir el cheque. O podemos usar la oración como una cuenta de ahorro, haciendo depósitos sistemáticos y regulares asegurando un balance positivo para hacer retiros en tiempos de necesidad. La oración consistente en tiempo de paz edifica un abrigo para protegerte de la tormenta.

Podemos permanecer en el primer nivel de oración -- buscando la mano de Dios. Esto es orar solo cuando estamos en problemas. Si ese es el único tiempo en que oramos, Dios puede continuar enviando problemas desesperados solo para mantenernos hablando con Él. Una manera preferida es moverse a un nivel más alto de oración, buscando voluntariamente a Dios, durante los tiempos de paz. El más alto llamamiento es el llamamiento a la oración -- sin importar nuestro ministerio en el reino de Dios, nuestros esfuerzos solamente tendrán éxito con la oración.

La transición entre la ley y la gracia fue lograda por la oración -- la oración de Jesús a solas en el huerto. Su petición a Sus discípulos fue: *"¿no habéis podido velar* (orar) *conmigo una hora?"*. Hoy, en la transición entre la gracia y el milenio, Jesús repite la misma pregunta: *"¿No habéis podido velar* (orar) *conmigo una hora?".*

Una razón por la que podemos tener tanta lucha con la oración es que los resultados no son siempre inmediatos. David dijo: *"Pacientemente esperé a Jehová, Y se inclinó a mí, y oyó mi clamor."* Isaías escribió: *"los que esperan a Jehová tendrán nuevas fuerzas".*

Rev. T. F. Tenney dijio: "Vivimos en una sociedad de microondas. Queremos resultados instantáneos, pero tenemos a un Dios de la olla lenta". A veces parece que Dios se mueve lentamente, pero Su respuesta siempre viene a tiempo.

La oración se compara a un químico añadiendo **una gota** de un químico a una solución sin resultados. Entonces añade otra gota y otra… y finalmente una última gota. De repente todo inmediatamente cambia -- una reacción química toma lugar. ¿Fue la última gota la que causó el cambió? No, era una acumulación de todas las gotas.

En Hechos capítulo 10, Cornelio oró el día 1, el día 2, el día 100, el día 200, el día 999, entonces de repente un ángel se le apareció con instrucciones de que enviara a buscar al apóstol Pedro, quien le revelaría el plan de salvación. ¿Habrá sido esta su oración más larga? Otra vez, fue una culminación de todas ellas. El ángel dijo: *"Tus oraciones han subido para memoria"*, Dios no podía ignorar sus oraciones.

En el Antiguo Testamento, vemos este concepto en las dos oraciones de Elías. En el monte Carmelo, cuando Elías concluyó su oración de 59 palabras, vino inmediata y milagrosamente una respuesta de Dios:

1 Reyes 18:38 Entonces cayó fuego de Jehová, y consumió el holocausto, la leña, las piedras y el polvo, y aun lamió el agua que estaba en la zanja.

Pero en el monte Carmelo, cuando Elías estaba orando por lluvia, la respuesta no vino inmediatamente. Antes que viniese su respuesta, él oró siete veces y envió a su siervo que fuese a mirar hacia el mar siete veces. Elías simplemente se mantuvo orando porque Él sabía que era el tiempo de Dios para que lloviese. Él oró por horas hasta que la respuesta llegó.

No te desanimes cuando las oraciones no son respondidas inmediatamente. Mantente edificando un memorial de oraciones a Dios hasta que la respuesta llegue.

Penetración en Una frontera Natural
Como un equipo trabajando en un gran avance en tecnología, medicina, etc., siente que están cerca de una solución, algo les

pasa a ellos. Ellos llegan a estar más intensos perdiendo interés en lo demás. Con solo una cosa en sus mentes, ellos cancelan todos los otros planes y trabajan horas largas. Mientras ellos se acercan a la solución, una sinergia y unidad se forma entre los miembros del equipo. Esta intensidad los impulsa más allá de sus propias habilidades individuales. Ellos persisten hasta que el gran avance se ha logrado.

La iglesia del tiempo del fin está cerca de un gran avance en la frontera espiritual. Un gran avance hacia la restauración del ministerio apostólico registrado en Hechos, es posible si igualamos la dedicación y la unidad de los equipos trabajando en las fronteras de la medicina y la tecnología. Debemos llegar a estar más intensos hasta que nada más está en nuestras mentes excepto lograr un gran avance que liberará y salvará a muchas almas. Lo que está en juego es la liberación de los que están esclavos en prisiones del pecado, abuso, drogas, alcohol, desesperación, y desesperanza.

Jer. 8:20, 22
20 Pasó la siega, terminó el verano, y nosotros no hemos sido salvos. 22 ¿No hay bálsamo en Galaad? ¿No hay allí médico? ¿Por qué, pues, no hubo medicina para la hija de mi pueblo?

Suficiente sangre fue derramada en el calvario para salvar a todo el mundo. El gran médico necesita que nosotros ministremos a los enfermos y a los moribundos -- fluyendo Su amor hacia los que nunca han sentido el amor real.

Una Frontera - Caminar Sobre la Luna
En 1960, el Presidente J. F. Kennedy hizo la famosa declaración: "Escogemos ir a la Luna, no porque sea fácil, sino porque es difícil". Había numerosas dificultades que vencer, incluyendo difíciles problemas técnicos que resolver porque nadie había hecho esto antes.

Asombrosamente, este equipo de proyecto o btuvo la visión de poner un cohete en el espacio y aterrizar en la luna. Una increíble cantidad de sinergia se desarrolló dentro del equipo porque todos estaban enfocados en una cosa -- poner al hombre en la luna.

Trabajando hasta tarde una noche, un hombre dijo: "¿Has notado el cambio en todo el equipo trabajando en este proyecto? Algo nos ha pasado; mira cómo hemos descubierto un proceso para mejorar la escotilla de la nave espacial. Nuestro equipo ha logrado cosas que ellos nunca soñaron posibles. ¿Qué crees que ha causado esto?"

Bill, señalando al cielo recalcó. "¿Ves esa luna allá arriba? Los hombres se han preguntado sobre ella por años, pero estamos alistándonos para ir allá. Es eso lo que nos ha cambiado. Creemos que podemos ir a un lugar donde nadie ha estado antes -- conquistando una nueva frontera."

Dios, danos ese tipo de pasión y visión para ir en el Espíritu donde nunca hemos estado. Obtener ese tipo de visión y orar fervientemente nos cambiará mientras nos acercamos a una ruptura en esta frontera del Espíritu.

¿En qué Luna queremos andar en el Espíritu? ¿Qué queremos experimentar por primera vez -- qué frontera? "Oh Dios, que obtengamos una visión de la frontera a donde Tú nos estás llamando -- para experimentar una penetración que hará una diferencia en nuestro mundo".

- **Un pionero en la frontera del reino de Dios será:**
  - **Descubridor de nuevas Alturas y profundidades en el Espíritu.**
  - **Buscador de mayor revelación de Dios y Sus caminos.**
  - **Hombre apasionado movido por el propósito y la voluntad de Dios.**
  - **Hombre disciplinado movido hacia una vida Cristiana consistente de oración y servicio.**

Cuando Dios quita algo de nuestro alcance, Él no nos está castigando, sino meramente abriendo nuestras manos para recibir algo mejor.

* * * * *

A veces Dios escoge cambiarnos en lugar de cambiar nuestra situación.

* * * * *

Cuando Dios no mueve una montaña, Él nos dará la fuerza para escalarla.

2. Cuando la Respuesta a la Oración es "No" o "Espera"

Si Dios tiene propósito en la aflicción al tratar con el hombre, entonces ahí está ciertamente Su voluntad, condiciones y tiempo para la sanidad y la liberación del problema, prueba o aflicción.

Da gracias a Dios por la provisión de la sanidad y la liberación que es bastante evidente en Su plan tanto en el Antiguo como en el Nuevo Testamentos. Pero la provisión misma para la sanidad confirma que habrá enfermedad que requiere la sanidad. La provisión de la liberación nos alerta de los problemas que la necesitarán. La seguridad de lo disponible, una paz asombrosa de Dios significa que habrán tormentas:

- La batalla precede a la victoria,
- La enfermedad precede a la sanidad,
- Los problemas preceden a la liberación.

Hay veces cuando las oraciones son inmediatamente y milagrosamente concedidas. Pero las provisiones de la sanidad y la liberación, invocadas en una sincera y urgente oración, no aseguran la liberación inmediata. Nuestra confianza en Dios es probada en la prueba y el problema. Los retrasos en la respuesta a nuestras oraciones desarrollan paciencia y madurez.

Este es un tema difícil de tratar porque es a menudo el concepto más difícil de aceptar -- que es el plan de Dios que suframos un poco -- *"Pero después que ustedes hayan sufrido por un poco de tiempo... el mismo Dios... nos ha llamado a tener parte en su gloria eterna. DHH*

1 Pedro 5:10
10 Y **después de que hayáis sufrido un poco de tiempo**, *el Dios de toda gracia [que imparte toda bendición y favor], que os llamó a su [propia] gloria eterna en Cristo, El mismo os perfeccionará, afirmará, fortalecerá y establecerá. LBLA*

Rom. 5:3, 4
3 Y no sólo esto [estemos llenos de gozo ahora], sino que también alegramos y nos gloriamos en las tribulaciones, sabiendo que **la presión y la aflicción y la tribulación produce paciencia (perseverancia);**
4 Y la paciencia (perseverancia), **desarrolla un carácter maduro** *(fe aprobada e integridad probada); y el carácter [de este tipo] probado, produce [el hábito de] una gozosa y confidente esperanza de la salvación eterna. AMP*

Así que, hay un tiempo de confiar en Dios, escudriñando nuestros corazones y humillándonos. Nuestra actitud debería ser un espejo con la de Job:

Job 13:15
15 **Aunque Él me mate, En El esperaré**. *Sin embargo defenderé mis caminos delante de Él. NBLH*

Job 13:20, 21
20 Oh Dios, hay dos cosas que te pido que no me hagas:
21 **No me abandones** *y no me aterres con tu asombrosa presencia. TLB*

Job 23:10
10 Mas él conoce mi camino; **Me probará, y saldré como oro**.

- **Malentender este concepto a veces hace que los Cristianos se desanimen o pierdan la fe cuando la respuesta a su petición es retrasada.**

Debemos confiar en Dios aún cuando no entendemos; confiando que Él está trabajando en nuestra vida eterna. Nosotros a menudo nos enceguecemos al propósito eterno de Dios, mirando solo a lo temporal. El fuego del Refinador y el camino de la cruz es a menudo el plan de Dios para traer el cambio a nuestras vidas (Sección 2, Capítulo 4, "Agentes de Cambio de Dios - El Fuego del Refinador y la Cruz").

Para entender la aflicción, debemos levantarnos por encima de lo temporal:

- Hacia alturas con Dios y ver desde Su perspectiva.
- Mirar más allá de las circunstancias naturales hacia la vida eterna.

Los escritos del apóstol Pablo en el Nuevo Testamento y Habacuc en el Antiguo Testamento reflejan este concepto.

El apóstol Pablo está en una prisión romana y será decapitado y no será liberado. Él no está enfocándose en las terribles circunstancias sino en la vida eterna -- y él escribe: ***Regocijaos en el Señor siempre***".

Fil. 4:4, 6, 7
*4 **Regocijaos en el Señor siempre**. Otra vez digo: ¡Regocijaos!*
6 Por nada estéis afanosos, sino sean conocidas vuestras peticiones delante de Dios en toda oración y ruego, con acción de gracias.
7 Y la paz de Dios, que sobrepasa todo entendimiento, guardará vuestros corazones y vuestros pensamientos en Cristo Jesús.

Habacuc registra una situación de banca rota donde todo se había perdido. Él da la misma advertencia que Pablo -- **regocijaos en el Señor** (no en el problema).

Hab. 3:17-19
17 Aunque la higuera no florezca, Ni en las vides haya frutos, Aunque falte el producto del olivo, Y los labrados no den mantenimiento, Y las ovejas sean quitadas de la majada, Y no haya vacas en los corrales;
18 Con todo, yo me alegraré en Jehová, Y me gozaré en el Dios de mi salvación.
19 Jehová el Señor es mi fortaleza, El cual hace mis pies como de ciervas, Y en mis alturas me hace andar.

En este capítulo examinamos la Palabra de Dios para entender major cuando algunas oraciones son respondidas y otras son retrasadas o denegadas. Cuando las cosas no funcionan como hemos orado, podemos confiadamente saber que Él tiene propósitos y planes más allá de nuestro entendimiento.

- **A veces Dios escoge cambiarnos a nosotros en vez de cambiar nuestra situación.**

Dios es soberano; Él tiene toda la autoridad, poder y dominio; Él no tiene límites y hace todas las cosas bien. Dios tiene toda la sabiduría y conoce el futuro. Él sabe lo que es mejor y nunca se ha equivocado con ninguna vida. Sus caminos son más altos que nuestros caminos.

Isa. 55:9
9 Como son más altos los cielos que la tierra, así son mis caminos más altos que vuestros caminos, y mis pensamientos más que vuestros pensamientos.

Isa. 40:13, 14, 18, 22, 23, 25-28
13 ¿Quién puede guiar al Espíritu del Señor o ser su maestro o darle consejo?
14 ¿Habrá necesitado la dirección de alguien? ¿Necesita Él instrucción sobre lo que es recto y lo que es bueno?
18 ¿Cómo describiremos a Dios? ¿Con qué le compararemos?
22 Es Dios quien se sienta sobre el círculo de la tierra. (La gente debajo debe parecerle a Él como langostas) Él es el que

extiende los cielos como cortina y hace su tienda de ellos.
23 Él reduce a nada a los grandes hombres del mundo y los hace a todos insignificantes.
25 "¿Con quién me compararéis? ¿Quién hay igual a mi?" pregunta el Santo.
26 ¡Mirad a los cielos! ¿Quién creó todas esas estrellas? Como el pastor guía a sus ovejas, llamándolas a cada una por su nombre, y las cuenta para ver que ninguna se pierda o se extravíe, ¡así hace Dios con las estrellas y los planetas!
*27 Oh Jacob, oh Israel, **¿Cómo puedes tú decir que el Señor no ve tus problemas y que no es justo?***
28 ¿Aún no entiendes? ¿No sabes ya que Él nunca se cansa o se agota? Nadie puede comprender las profundidades de su entendimiento. TLB

- **A veces la fe de una persona en Dios está dañado cuando a ellos se les dice que si tan solo tuviesen suficiente fe, Dios les sanaría o cambiaría su situación -- pero la respuesta no vino.**

La sanidad y la liberación son promesas específicas en la palabra de Dios, pero Él es soberano; Su propósito y Su tiempo es superior al nuestro. Somos llamados simplemente a servirle y confiar en Él, sometiéndonos al proceso de la prueba y el fuego.

Dios puede hacer cualquier cosa y todas las cosas. Esto no es una doctrina que iguala los resultados de todas las oraciones sin responder. Sino que el propósito aquí es afirmar que podemos mantener nuestra confianza en Dios cuando las respuestas son retrasadas o negadas.

Si nuestro amor por Dios es puro, vamos a confiar en Él incondicionalmente, sin hacer peticiones de liberación. Cuando amamos y confiamos en Dios, vamos a estar dispuestos a orar: "Dios, realmente quiero esta necesidad suplida, pero quiero más Tu voluntad -- hágase Tu voluntad."

Esta actitud quita el temor y libera la fe, permitiendo a Dios trabajar a nuestro favor.

* **Necesitamos darle a Dios permiso para hacer cualquier cosa que sea necesaria (prueba o liberación) para llevarnos a la vida eterna.**

2.1 No Hay Razonamiento Humano para las Oraciones Sin Respuesta.

Jesús predice el futuro sufrimiento de Jacobo:
Mat. 20:23
*23 El les dijo: A la verdad, **de mi vaso beberéis**, y con el bautismo con que yo soy bautizado, seréis bautizados; pero el sentaros a mi derecha y a mi izquierda, no es mío darlo, sino a aquellos para quienes está preparado por mi Padre.*

Jesús predice la larga vida de Pedro:
Juan 21:18
*18 De cierto, de cierto te digo: Cuando eras más joven, te ceñías, e ibas a donde querías; **mas cuando ya seas viejo**, extenderás tus manos, y te ceñirá otro, y te llevará a donde no quieras.*

Cuando Pedro pregunta acerca de lo que le pasaría a Juan, Jesús responde que no le concierne a él.
Juan 21:22
*22 Jesús le dijo: Si quiero que él quede hasta que yo venga, **¿qué a ti?** Sígueme tú.*

Jacobo fue encarcelado por el rey Herodes y luego ejecutado a espada. Herodes arrestó a Pedro con la misma intención de ejecutarlo después de la Pascua. La iglesia oró fervientemente por Pedro y Dios envió a un ángel para una liberación milagrosa. Jacobo no recibió esta liberación, pero no era atribuible a una falta de fe o la falta de oración de la iglesia. No hay razonamiento humano para explicar la liberación para uno y la muerte para otro; lo único que sabemos es que estaba dentro del plan de Dios.

Juan fue desterrado en exilio a la isla de Patmos. Él estaba en la voluntad de Dios, pero no fue liberado.

Pablo, el más grande misionero, estaba en la cárcel en la voluntad de Dios. Él fue decapitado -- no fue libertado.

José fue probado en la voluntad de Dios por muchos años; él fue libertado y ascendido para ser regidor en Egipto.

El Rey David fue amenazado y tuvo que huir por su vida, durante el período intermedio entre su unción y regir en el trono. Después de un tiempo de prueba, él, también, recibió su ascenso.

Job experimentó una terrible pérdida y un sufrimiento en la voluntad de Dios. Más tarde, él fue restaurado -- recibió dos veces la cantidad de su pérdida.

Juan el Bautista, precursor de Jesucristo, fue encarcelado y decapitado -- no fue liberado.

Mat. 11:11
11 De cierto os digo: Entre los que nacen de mujer no se ha levantado otro mayor que Juan el Bautista; pero el más pequeño en el reino de los cielos, mayor es que él.

El maravilloso ministerio de Juan empedró el camino para el Mesías; Jesús se refirió a él como alguien "grande". Pero cuando Jesús comenzó Su ministerio, en vez de elegir a Juan como uno de los discípulos él fue decapitado en la cárcel. El plan de Dios para Juan trajo la muerte -- no la liberación.

Mat. 11:3-6
3 Para preguntarle: ¿Eres tú aquel que había de venir, o esperaremos a otro?
4 Respondiendo Jesús, les dijo: Id, y haced saber a Juan las cosas que oís y veis.

5 Los ciegos ven, los cojos andan, los leprosos son limpiados, los sordos oyen, los muertos son resucitados, y a los pobres es anunciado el evangelio;
*6 **Y bienaventurado es el que no halle tropiezo en mí.***

-- Del Comentario del Púlpito

Verso 6 - Y bienaventurado es el que no halle tropiezo en mí: no encontrará ofensa en mí, ni motivo por el cual tropezar, sino que **exhibirá confianza perfecta ante el retraso y la desilusión.**[1]

2.2 Fe y Liberación Frente a Fe Sin Liberación

La clave a la liberación es la fe en Dios. Hebreos capítulo 11 es el capítulo de la fe. Hay dos partes:

- En la **primera parte**, ellos experimentaron la victoria y la liberación.
- En la **segunda parte**, ellos no recibieron liberación, sin embargo, ellos obtuvieron un buen testimonio a través de la fe.

Se requiere más fe en nuestra caminata Cristiana cuando no recibimos la respuesta a nuestras oraciones por liberación.

Está la voluntad general frente a la voluntad específica de Dios. Mientras que la Biblia da una promesa general de sanidad a la iglesia, puede no ser la voluntad de Dios sanar instantáneamente en un caso específico. Nuestras oraciones y nuestra voluntad deben estar sometidas a la voluntad de Dios.

Jesús nos enseña a orar: *"Venga tu reino. **Hágase tu voluntad**, como en el cielo, así también en la tierra."*

216

La respuesta a la oración por la enfermedad o problema puede ser:

- **Instantánea**. Pablo y Silas fueron liberados milagrosamente a las 12 horas de su encarcelamiento.

- **Respondida,** con un proceso gradual de sanidad.

- **Denegada**. La gracia de Dios proveerá fortaleza para soportarla, como la petición del apóstol Pablo para que Dios quitase el aguijón en su carne.

- **Denegada,** morir en la fe y recibir la respuesta en la resurrección. El apóstol Pablo, los discípulos y otros murieron como mártires

2 Cor. 12:7-10
7 Y dada la extraordinaria grandeza de las revelaciones, por esta razón, para impedir que me enalteciera, me fue dada una espina en la carne, un mensajero de Satanás que me abofetee, para que no me enaltezca.
8 Acerca de esto, tres veces he rogado al Señor para que lo quitara de mí.
*9 Y El me ha dicho: "**Te basta Mi gracia, pues Mi poder se perfecciona en la debilidad**." Por tanto, con muchísimo gusto me gloriaré más bien en mis debilidades, para que el poder de Cristo more en mí.*
10 Por eso me complazco en las debilidades, en insultos (maltratos), en privaciones, en persecuciones y en angustias por amor a Cristo, porque cuando soy débil, entonces soy fuerte.
NBLH

Heb. 11:1-35 (Parte 1 - Recibieron Su Liberación)
1 Es, pues, la fe la certeza de lo que se espera, la convicción de lo que no se ve.
2 Porque por ella alcanzaron buen testimonio los antiguos.
3 Por la fe entendemos haber sido constituido el universo por la palabra de Dios, de modo que lo que se ve fue hecho de lo que no se veía.

4-32 Por la fe Abel... por la fe Enoc... por la fe Noé... por la fe Abraham... por la fe Sara... por la fe Isaac... por la fe Jacob... por la fe Jacob... por la fe José... por la fe Moisés... por la fe Rahab la ramera... Gedeón... Barac... Sansón... David...

33 Que por fe conquistaron reinos, hicieron justicia, alcanzaron promesas, taparon bocas de leones,

34 Apagaron fuegos impetuosos, evitaron filo de espada, sacaron fuerzas de debilidad, se hicieron fuertes en batallas, pusieron en fuga ejércitos extranjeros.

35 Las mujeres recibieron sus muertos mediante resurrección...

Heb. 11:35-39 (Parte 2 - No Recibieron Su Liberación)

*35 ...mas otros fueron **atormentados**, no aceptando el rescate, a fin de obtener mejor resurrección.*

*36 Otros experimentaron **vituperios y azotes,** y a más de esto **prisiones y cárceles**.*

*37 Fueron **apedreados**, **aserrados**, **puestos a prueba**, **muertos a filo de espada**; anduvieron de acá para allá cubiertos de pieles de ovejas y de cabras, **pobres**, **angustiados**, **maltratados**;*

38 De los cuales el mundo no era digno; errando por los desiertos, por los montes, por las cuevas y por las cavernas de la tierra.

*39 **Y todos éstos, aunque alcanzaron buen testimonio mediante la fe**, no recibieron lo prometido.*

Todos ellos tuvieron fe, pero el plan de Dios era el ascenso a la vida eterna. Se requiere fe y confianza más grandes en Dios para continuar caminando cuando la liberación es retrasada o es denegada.

2.3 El Testimonio Final de los Doce Apóstoles Escrito en Sangre

Sin lugar a duda, grandes hombres y las iglesias de su tiempo oraron por la liberación y protección. Pero ellos se abrazaron a la voluntad de Dios y sus testimonios finales fueron escritos en sangre.

	Apóstol	Resumen	Muerte
1	Andrés	- Presentó a Pedro a Jesús. - Trajo al niño con los 5 panes y los peces a Jesús. - Hermano de Pedro.	**Mártir** - Crucificado en Patra, Acaia (al sur de Grecia). - Colgado vivo en la cruz por dos días, exhortando a los espectadores.
2	Bartolo-meo	- Jesús le vio bajo la higuera.	**Mártir** - Crucificado por los idólatras de India. - Predicó el evangelio en Mesopotamia (Irak), Persia (Iran) e India.
3	Jacobo	- Pescador. - Estuvo con Jesús en Getsemaní.	**Mártir** - Matado 10 años después del primer mártir, Esteban. - Su acusador fue convertido por el valor de Jacobo y ambos fueron decapitados.
4	Jacobo	- Llamado Santiago, el menor. - Primer Obispo de Jerusalén.	**Mártir** - A los 90, apedreado por los judíos.
5	Juan	- Conocido como el discípulo "amado". - Jacobo y Juan "hijos del trueno". - Al pie de la cruz con la madre de Jesús. - Hermano de Jacobo.	**Muerte Natural** - El único apóstol que no murió una muerte de mártir. Desterrado por el emperador romano Domiciano a la isla de Patmos donde recibió la revelación de Jesucristo.

El Testimonio Final de los Doce Apóstoles Escrito en Sangre

	Apóstol	Resumen	Muerte
6	Judas Iscariote	- Tesorero del grupo apostólico. - Traicionó a Jesús por 30 piezas de plata.	**Suicidio** - Judas echo las 30 piezas de plata en el templo, y fue y se colgó.
	Matías	- Tomó el lugar de Judas.	**Mártir** - apedreado en Jerusalén.
7	Judas	- Escritor del libro de Judas.	**Mártir** - Crucificado el año 72DC en la ciudad de Edesa (Turquía).
8	Mateo	- También llamado Leví. - Recolector de impuestos para los romanos.	**Mártir** - Matado con espada alrededor de 60DC.
9	Pedro	- Un pescador a quien Jesús llamó la roca. - Primer obispo de Roma.	**Mártir** - Crucificado en roma por Nerón. - Crucificado cabeza abajo; no se consideró digno de ser crucificado como Jesús.
10	Felipe	- Trajo a Bartolomeo (Natanael) a Jesús.	**Mártir** - Crucificado alrededor de 54DC. - Predicó el evangelio en Frigia, la provincial romana de Asia cerca de Éfeso (Turquía).
11	Simón	- Llamado "el celote" porque estaba asociado con esa secta.	**Mártir** - Crucificado en Bretaña en 74DC. - También predicó en África.
12	Tomás	- Un pescador del mismo grupo de Pedro y Andrés. - Llamado el "incrédulo".	**Mártir** - Matado a espada en India. - Predicó el evangelio en Partia (Irán) y en Kerala (al sur de India).

Además de los 12 apóstoles, los siguientes fueron también mártires:

- Marcos fue arrastrado hasta morir.

- Lucas fue colgado de un árbol de olivo.

- Pablo fue decapitado por el emperador Nerón en Roma.

- **Si estamos dispuestos a dar nuestras vidas por causa del evangelio, vamos a abrazarnos a la cruz y más fácilmente aceptaremos nuestras feroces pruebas como la voluntad de Dios.**

2.4 La Revelación de Dios a los Incrédulos a Través de Los Milagros

Jesús ministró sanidad y liberación a las necesidades físicas de las personas porque Él las amaba. Él primero atendió a sus necesidades físicas, para **revelarse a Sí mismo a ellos**, Él luego ministró a sus necesidades espirituales.

Los milagros de Jesús:

- Atrajeron la atención de las multitudes.

- Facilitaron alcanzar a más gente en menos tiempo (mucho por hacer en un corto periodo de Su ministerio).

- Hicieron que la gente abandonase tradiciones mantenidas por muchos por generaciones.

- Confirmaron Sus enseñanzas.

- Afirmaron que Él era el Mesías.

La oración de Jesús en la tumba de Lázaro indica este propósito revelador: *"para que crean que tú me has enviado."*

Juan 11:41-45
*41 Y Jesús, alzando los ojos a lo alto, dijo: Padre, gracias te doy por haberme oído. 42 Yo sabía que siempre me oyes; **pero lo dije por causa de la multitud que está alrededor, para que crean que tú me has enviado**. 43 Y habiendo dicho esto, clamó a gran voz:*

221

*¡Lázaro, ven fuera! 44 Y el que había muerto salió, . . . Jesús les dijo: Desatadle, y dejadle ir. 45 Entonces muchos de los judíos que habían venido para acompañar a María, y **vieron lo que hizo Jesús, creyeron en él.***

Los siguientes son muchos versículos concernientes al ministerio sanador de Jesús. Muchas veces Él los sanó a **todos, revelando** Su identidad como en Mesías.

Mat. 4:24
*24 Y se difundió su fama por toda Siria; y le trajeron **todos los que tenían dolencias, los afligidos** por diversas enfermedades y tormentos, los endemoniados, lunáticos y paralíticos; **y los sanó.***

Mat. 8:16
*16 Y cuando llegó la noche, trajeron a él muchos endemoniados; y con la palabra echó fuera a los demonios, y **sanó a todos los enfermos;***

Mat. 12:15
*15 Sabiendo esto Jesús, se apartó de allí; y le siguió **mucha gente, y sanaba a todos,***

Mat. 14:14
*14 Y saliendo Jesús, vio una **gran multitud**, y tuvo compasión de ellos, y **sanó a los que de ellos estaban enfermos**.*

Marcos 3:10, 11
*10 Porque había **sanado a muchos** . . . Y los espíritus inmundos, al verle, se postraban delante de él, y daban voces, diciendo: **Tú eres el Hijo de Dios**.*

Lucas 4:40
*40 . . . . Él, **poniendo las manos sobre cada uno de ellos, los sanaba**.*

Mat. 15:31
*31 **De manera que la multitud se maravillaba**, viendo a los mudos hablar, a los mancos sanados, a los cojos andar, y a los ciegos ver; y **glorificaban al Dios de Israel**.*

Marcos 6:2
*2 . . . y muchos, oyéndole, se admiraban, y decían: ¿De dónde tiene éste estas cosas? ¿Y qué sabiduría es esta que le es dada, y estos **milagros que por sus manos son hechos**?*

Marcos 7:37
*37 Y en gran manera se maravillaban, diciendo: **bien lo ha hecho todo;** hace a los sordos oír, y a los mudos hablar.*

Lucas 7:16
*16 Y todos tuvieron miedo, y glorificaban a Dios, diciendo: Un gran profeta se ha levantado entre nosotros; y: **Dios ha visitado a su pueblo.***

Juan 9:33
*33 **Si éste no viniera de Dios, nada podría hacer.***

La Bondad de Dios Lleva a los Hombres al Arrepentimiento

No debemos esperar que debido a que Jesús sanó a todos en muchos pasajes de la escritura durante Su ministerio, que sea Su voluntad sanar a todos, todas las veces. Las escrituras apoyan que tal vez es la voluntad de Dios que el Cristiano soporte la adversidad por un tiempo de prueba.

Los apóstoles Pedro y Pablo experimentaron y enseñaron este concepto; debemos abrazarnos a la cruz (sufrimiento y prueba) y aún regocijarnos de que Dios está trabajando para cambiarnos. Esto es cubierto en más detalle en la Sección 2, Capítulo 4: "Agentes de Cambio de Dios - El Fuego del Refinador y La Cruz".

1 Pedro 4:13
*13 Sino **gozaos** por cuanto sois participantes de los **padecimientos** de Cristo...*

2 Cor. 12:9
*9 Por tanto, **con muchísimo gusto me gloriaré más bien en mis debilidades**, para que el poder de Cristo (el Mesías) more (sí, se haga una tienda y habite) en mí. NBLH*

Si un pecador está buscando honestamente conocer a Dios, Él a menudo se **revelará a Sí mismo a ellos a través de un milagro**. Este concepto debería elevar nuestra fe, impulsándonos más lejos hacia el campo de la cosecha para alcanzar a los pecadores, al igual que Jesús, con un ministerio de milagros y salvación.

Rom. 2:4
4 ...Ignorando que su benignidad te guía al arrepentimiento?

- **El verdadero amor de Dios, fluyendo a través de nuestras vidas como Cristianos, debería permitirnos estar más interesados acerca de la necesidad de un pecador de un milagro que la nuestra (amar a nuestro prójimo como a nosotros mismos).**

- **Aunque puede que estemos sufriendo una aflicción, podemos todavía orar la oración de fe por un pecador que tiene la misma aflicción.**

- **A veces cuando conectamos con Dios y fuera de egoísmo oramos la oración de fe por alguien más, la virtud sanadora que fluye para sanarles también nos sanará a nosotros.**

2.5 Aflicciones de Los Justos - Un Proceso de Podar
Sal. 34:19
*19 Muchas son las **aflicciones del justo**, Pero de todas ellas le librará Jehová.*

Hechos 14:22
*22 Confirmando los ánimos de los discípulos, exhortándoles a que permaneciesen en la fe, y diciéndoles: Es necesario que a través de **muchas tribulaciones entremos** en el reino de Dios.*

El sufrimiento es parte del plan de Dios que a veces incluye una aflicción o enfermedad. Este puede ser un proceso de podar, no debido al pecado, sino para que llevemos más fruto. O, el propósito puede ser propulsarnos hacia el siguiente paso en el propósito de Dios para nuestras vidas.

Juan 15:2
2 Él limpia y **repetidamente poda** *cada rama que continúa dando fruto, para* **hacer que lleve más fruto, rico y excelente***. AMP*

Dios se refirió a Job como un varón perfecto que temía a Dios y se apartaba del mal. Job reconoce que Dios permite las pruebas en nuestra vida para nuestro propio bien.

Job 5:17-20
17 He aquí, bienaventurado es el hombre a quien **Dios castiga***; Por tanto, no menosprecies la corrección del Todopoderoso.*
18 Porque **él es quien hace la llaga***, y él la vendará;* **Él hiere***, y sus manos curan.*
19 En **seis tribulaciones** *te librará, Y en la séptima no te tocará el mal.*
20 En el **hambre** *te salvará de la muerte, Y del poder de la espada en la* **guerra***.*

Santiago 1:12
12 Bienaventurado el varón que soporta la **tentación (adversidad, disciplina)***; porque cuando haya resistido la prueba, recibirá la corona de vida, que Dios ha prometido a los que le aman.*

Heb. 12:5-11
5 Y habéis ya olvidado la exhortación que como a hijos se os dirige, diciendo: Hijo mío, no menosprecies la disciplina del Señor, Ni desmayes cuando eres reprendido por él;
6 **Porque el Señor al que ama, disciplina, Y azota a todo el que recibe por hijo.**
7 Si soportáis la disciplina, Dios os trata como a hijos; porque ¿qué hijo es aquel a quien el padre no disciplina?
8 Pero si se os deja sin disciplina, de la cual todos han sido participantes, entonces sois bastardos, y no hijos.
9 Por otra parte, tuvimos a nuestros padres terrenales que nos

disciplinaban, y los venerábamos. ¿Por qué no obedeceremos mucho mejor al Padre de los espíritus, y viviremos?
*10 Y aquéllos, ciertamente por pocos días nos disciplinaban como a ellos les parecía, pero éste **para lo que nos es provechoso, para que participemos de su santidad**.*
*11 Es verdad que ninguna disciplina al presente parece ser causa de gozo, sino de tristeza; pero después da **fruto apacible de justicia** a los que en ella han sido ejercitados.*

El Rey David observa que la respuesta correcta es un corazón quebrantado y un espíritu contrito.

Sal. 34:17, 18
*17 **Claman los justos, y Jehová oye, Y los libra** de todas sus angustias.*
18 Cercano está Jehová a los quebrantados de corazón; Y salva a los contritos de espíritu (aplastados de espíritu).

2.6 Respuestas Retrasadas a Causa del Pecado

A veces tenemos una definición estrecha del pecado y llegamos a estar con pretensiones de superioridad moral cuando vivimos por encima de los pecados de la carne. Sin embargo, hay muchos tipos de pecados:

- La carne (obras de la carne).
- El alma (mi voluntad y mis maneras en conflicto con la voluntad y las maneras de Dios).
- El espíritu (resistir al Espíritu, invalidar o hacer caso omiso de la conciencia).

Cualquier tipo de desobediencia es pecado. La obediencia no es solo decir: "no" al diablo, sino también decir: "sí" a la voluntad de Dios. No hacer la voluntad de Dios es desobediencia, lo cual es pecado. A veces la prueba y la aflicción es la única cosa que trae nuestra voluntad en acuerdo con Su voluntad.

Sal. 119:67-69, 71
*67 **Antes que fuera yo humillado, descarriado andaba;** Mas*
226

ahora guardo tu palabra.

68 Bueno eres tú, y bienhechor; Enséñame tus estatutos.

69 Contra mí forjaron mentira los soberbios, Mas yo guardaré de todo corazón tus mandamientos.

*71 **Bueno me es haber sido humillado, Para que aprenda tus estatutos.***

Sal. 103:3

3 Él es quien perdona todas tus iniquidades, Él que sana todas tus dolencias.

Sal. 66:18

18 Si en mi corazón hubiese yo mirado a la iniquidad, El Señor no me habría escuchado.

- **Santiago conecta el arrepentimiento a la promesa por sanidad.**

Santiago 5:15, 16

*15 Y la oración de fe salvará al enfermo, y el Señor lo levantará; y **si hubiere cometido pecados, le serán perdonados**.*

*16 **Confesaos vuestras ofensas unos a otros**, y orad unos por otros, **para que seáis sanados**. La oración eficaz del justo puede mucho.*

Sal. 25:17, 18

17 Las angustias de mi corazón se han aumentado; Sácame de mis congojas.

18 Mira mi aflicción y mi trabajo, Y perdona todos mis pecados.

Sal. 119:135, 136, 153

135 Haz que tu rostro resplandezca sobre tu siervo, Y enséñame tus estatutos.

*136 **Ríos de agua descendieron de mis ojos, Porque no guardaban tu ley**.*

153 Mira mi aflicción, y líbrame, Porque de tu ley no me he olvidado.

Éx. 15:26
26 Y dijo: **Si oyeres atentamente la voz de Jehová tu Dios**, *e hicieres lo recto delante de sus ojos, y dieres oído a sus mandamientos, y guardares todos sus estatutos, ninguna enfermedad de las que envié a los egipcios te enviaré a ti; porque yo soy Jehová tu sanador.*

Apo. 3:19
19 Yo **reprendo y castigo** *a todos los que amo; sé, pues, celoso, y* **arrepiéntete**.

2.7 Las Pruebas se Convierten en Testimonies para los Demás

Las victorias sobre las dificultades llegan a ser nuestros más grandes testimonios y son ejemplos de fuerza para los demás. ¿Cómo podemos testificar de la sanidad, de la liberación, y del poder guardador de Dios hasta que hemos experimentado las tribulaciones?

* **No habrá un testimonio sin una prueba.**

2 Cor. 1:4-7
4 Él nos consuela en todos nuestros sufrimientos, **para que nosotros podamos consolar también a los que sufren**, **dándoles el mismo consuelo** *que él nos ha dado a nosotros.*
5 Porque así como los sufrimientos de Cristo se desbordan sobre nosotros y nosotros sufrimos con él, así también por medio de Cristo se desborda nuestro consuelo.
6 Pues si nosotros sufrimos, es para que ustedes tengan consuelo y salvación; y si Dios nos consuela, también es **para que ustedes tengan consuelo** *y puedan soportar con fortaleza los mismos sufrimientos que nosotros padecemos.*
7 Tenemos una esperanza firme en cuanto a ustedes, porque nos consta que, así como tienen parte en los sufrimientos, también tienen parte en el consuelo. DHH

2.8 La Enfermedad para Muerte - Ascenso a Un Mundo Mejor

Hay enfermedad para muerte, para la cual no hay cura o liberación -- hasta que se recibe en la vida eterna. Jesús citó esto cuando Lázaro murió: *"Esta enfermedad no es para muerte"* -- porque Lázaro pronto viviría otra vez cuando Jesús lo llamó del sepulcro.

Juan 11:4
*4 Oyéndolo Jesús, dijo: **Esta enfermedad no es para muerte**, sino para la gloria de Dios, para que el Hijo de Dios sea glorificado por ella.*

Santos Ancianos - Esta es una enfermedad para muerte cuando los ancianos, que han vivido una vida plena, son llamados a casa.

Sal. 90:10
10 Los días de nuestra edad son setenta años; Y si en los más robustos son ochenta años, con todo, su fortaleza es molestia y trabajo, porque pronto pasan, y volamos.

Muerte para Salvación - En situaciones de enfermedades terminales, Dios los llevó a casa, quizás porque ellos fallaron al vivir por Él cuando gozaban de buena salud. Solamente Dios puede ver el futuro.

Muerte Prematura - Una enfermedad para muerte resulta para los que han completado su obra en la tierra y Dios los asciende a un lugar mejor, donde no hay enfermedad ni llanto. La muerte prematura se refiere a la edad, pero Dios ve desde una perspectiva diferente -- ***"Estimada es a los ojos de Jehová la muerte de sus santos."***

Apo. 21:4
*4 Enjugará Dios toda lágrima de los ojos de ellos; y ya **no** habrá **muerte**, ni habrá más **llanto**, ni **clamor**, ni **dolor**; porque las primeras cosas pasaron.*

La paz de Dios no es la ausencia de problemas o de pruebas, sino la ausencia del temor.

* * * * *

La presencia de las pruebas no es la ausencia de Dios obrando por nuestro bien. Cuando vienen los problemas a nuestro camino, lo más seguro es que Dios está trabajando en nuestra vida eterna.

3. La Oración y la Paz de Dios en la Tormenta

Sin importar las situaciones (descritas en el capítulo previo) en las que te puedas encontrar, está en la voluntad de Dios para ti que tengas Su paz en la tormenta. Esta paz viene cuando humildemente nos sometemos a Dios en **oración**. El apóstol Pablo, encarcelado y sentenciado a muerte, escribe acerca de esto a los Filipenses:

Fil. 4:6, 7
6 Por nada estéis afanosos, sino sean conocidas vuestras **peticiones** *delante de Dios en toda* **oración** *y* **ruego***, con acción de gracias.*
7 Y la **paz de Dios***, que sobrepasa todo entendimiento, guardará vuestros corazones y vuestros pensamientos en Cristo Jesús.*

6 No os preocupéis por nada; más bien, **orad** *sobre todo; decidle a Dios vuestras necesidades, y no olvidéis agradecerle por sus respuestas.*
7 Si hacéis esto, experimentaréis la **paz de Dios***, la cual es mucho más maravillosa de lo que la mente humana puede entender. **Su paz** mantendrá vuestros pensamientos y vuestros corazones tranquilos y en reposo cuando confiáis en Cristo Jesús. TLB*

231

En las primeras etapas de nuestra caminata con Dios, podremos experimentar liberación inmediata y milagrosa de la tormenta. Pero mientras continuamos en nuestra caminata con Dios, Él a menudo nos llevará a través de la tormenta para probar y fortalecer nuestra confianza en Él. La canción: "**A Veces Él Me Calma a Mí**", resume este concepto:

> "A veces Él calma la tormenta, a veces Él me calma a mí,
> A veces la tormenta se enfurece, mas Su dulce paz puedo sentir;
> Tengo gozo pues yo sé que Él conoce mi necesidad,
> A veces Él calma la tormenta, a veces Él me calma a mí."[1]

La paz natural ocurre cuando todo va bien. Esta paz es meramente la ausencia de problemas en nuestra vida. Sin embargo, la paz de Dios es independiente de las circunstancias naturales, y es activada en las tormentas de la vida.

La más grande revelación de la paz de Dios está en contra del telón de fondo de una embravecida tormenta:

- **La paz de Dios no es la ausencia de tormenta, sino la ausencia de temor.**

- **La ausencia del temor es la presencia de fe -- fe que nuestro Dios es más grande que nuestro problema.**

3.1 ¿Por Qué Dormía Jesús en La Tormenta?

Jesús viajaba junto a Sus discípulos en el Mar de Galilea cuando una gran tempestad se levantó. Cuando los discípulos, temiendo por sus vidas, llamaron a Jesús, Él inmediatamente habló dos mandatos:

Calla - Él calmó los vientos (causa de la tormenta).

Enmudece - Él calmó las olas (resultado de la tormenta).

Marcos 4:38-40
*38 Y él estaba en la popa, **durmiendo** sobre un cabezal; y le despertaron, y le dijeron: Maestro, ¿no tienes cuidado que perecemos?*

39 Y levantándose, reprendió al viento, y dijo al mar: **Calla, enmudece.** *Y cesó el viento, y se hizo grande bonanza.*
40 Y les dijo: ¿Por qué estáis así **amedrentados?** *¿Cómo* **no tenéis fe?**

Jesús dormía en la barca para ilustrar que si tenemos la paz de Dios en nuestras vidas, podemos relajarnos e incluso dormir en medio de la tormenta.

El apóstol Pedro era probablemente uno de los discípulos corriendo alrededor de la barca, gritando las órdenes y achicando agua -- temiendo por su vida. Entonces las palabras de Jesús los sacaron de la tormenta.

3.2 Pedro Durmiendo en Medio de la Tormenta
Muchos años después, Pedro estaba en la prisión encadenado entre dos soldados, esperando a ser ejecutado al siguiente día. ¿Qué estaba haciendo Pedro? Al igual que Jesús en el Mar de Galilea, él estaba **durmiendo**.

Él estaba durmiendo tan profundamente que el ángel de la liberación le tuvo que tocar en el costado para despertarle.
   - ¿Cuál de los dos eventos fue lo más peligroso para la vida?
   - ¿En cuál de los eventos estaba Jesús más cerca de Pedro?
   - ¿Cuál fue la diferencia en la vida de Pedro?

En algún punto entre la tormenta en el Mar de Galilea y la prisión, Pedro había experimentado la paz de Dios, aprendiendo a confiar completamente en Él. Esta confianza completa proveyó paz para dormir a través de una amenazadora y mortal tormenta.

3.3 Tres Jóvenes Hebreos en la Tormenta de Fuego
Los tres jóvenes hebreos, enfrentando la decisión de inclinarse ante la imagen del rey o ser echados en el horno abrazador, indudablemente oraron por liberación. Pero Dios escogió no

guardarlos del horno de fuego, sino más bien, acompañarles a través del mismo.

Estos tres experimentaron una paz indescriptible cuando el cuarto hombre apareció. Fue una experiencia increíble caminar en la tormenta de fuego, sin ser heridos -- abrigados por la mano de Dios. Ellos emergieron con un milagroso testimonio que afectó grandemente a un rey poderoso y su nación entera.

El rey y sus súbditos inmediatamente reconocieron la mano de Dios que tenía poder sobre las llamas más intensas del horno.

Dan. 3:25, 27-29
25 Y él dijo: He aquí yo veo cuatro varones sueltos, que se pasean en medio del fuego sin sufrir ningún daño; y el aspecto del cuarto es semejante a hijo de los dioses.
27 Y se juntaron los sátrapas, los gobernadores, los capitanes y los consejeros del rey, para mirar a estos varones, cómo el fuego no había tenido poder alguno sobre sus cuerpos, ni aun el cabello de sus cabezas se había quemado; sus ropas estaban intactas, y ni siquiera olor de fuego tenían.
28 Entonces Nabucodonosor dijo: Bendito sea el Dios de ellos, de Sadrac, Mesac y Abed-nego, que envió su ángel y libró a sus siervos que confiaron en él, y que no cumplieron el edicto del rey, y entregaron sus cuerpos antes que servir y adorar a otro dios que su Dios.
*29 **Por lo tanto, decreto que todo pueblo, nación o lengua que dijere blasfemia contra el Dios de Sadrac, Mesac y Abed-nego, sea descuartizado, y su casa convertida en muladar; por cuanto no hay dios que pueda librar como éste.***

Sadrac, Mesac, y Abed-nego literalmente experimentaron lo que el profeta Isaías escribió:

Isa. 43:2
2 Cuando pases por las aguas, yo estaré contigo; y si por los ríos, no te anegarán. Cuando pases por el fuego, no te quemarás, ni la llama arderá en ti.

3.4 Daniel Durmiendo a Través de la Tormenta Con los Leones

Daniel oró cada día por protección del mal, particularmente en la tierra extraña de Babilonia, lejos de su hogar. Pero cuando le mandaron que dejara de orar a su Dios o sería echado al foso de los leones; él escogió el foso de los leones.

Dan. 6:16
16 Entonces el rey mandó, y trajeron a Daniel, y le echaron en el foso de los leones. Y el rey dijo a Daniel: El Dios tuyo, a quien tú continuamente sirves, él te libre.

Dios no le libró del foso de los leones, sino que le libró en el foso de los leones. Un ángel cerró la boca de los leones y le protegió.

Qué experiencia asombrosa estar encerrado en un foso de hambrientos leones que no le podían hacer daño. Daniel tuvo una noche pacífica durmiendo con los leones -- durmiendo en medio de la tormenta.

Dan. 6:20-23
20 Y acercándose al foso llamó a voces a Daniel con voz triste, y le dijo: Daniel, siervo del Dios viviente, el Dios tuyo, a quien tú continuamente sirves, ¿te ha podido librar de los leones?
21 Entonces Daniel respondió al rey: Oh rey, vive para siempre.
*22 **Mi Dios envió su ángel, el cual cerró la boca de los leones, para que no me hiciesen daño,** porque ante él fui hallado inocente; y aun delante de ti, oh rey, yo no he hecho nada malo.*
23 Entonces se alegró el rey en gran manera a causa de él, y mandó sacar a Daniel del foso; y fue Daniel sacado del foso, y ninguna lesión se halló en él, porque había confiado en su Dios.

Una victoria ponderosa fue ganada para el reino de Dios cuando el rey testificó del poder del Dios de Daniel. Él declaró que todos en su reino reconocieran al único Dios verdadero.

Dan. 6:24-28
24 Y dio orden el rey, y fueron traídos aquellos hombres que habían acusado a Daniel, y fueron echados en el foso de los leones ellos, sus hijos y sus mujeres; y aún no habían llegado al fondo del foso, cuando los leones se apoderaron de ellos y quebraron todos sus huesos.
25 Entonces el rey Darío escribió a todos los pueblos, naciones y lenguas que habitan en toda la tierra: Paz os sea multiplicada.
*26 **De parte mía es puesta esta ordenanza: Que en todo el dominio de mi reino todos teman y tiemblen ante la presencia del Dios de Daniel; porque él es el Dios viviente y permanece por todos los siglos, y su reino no será jamás destruido, y su dominio perdurará hasta el fin.***
*27 **El salva y libra, y hace señales y maravillas en el cielo y en la tierra; él ha librado a Daniel del poder de los leones.***
28 Y este Daniel prosperó durante el reinado de Darío y durante el reinado de Ciro el persa.

3.5 El Príncipe de Paz -- Abrigo en la Tormenta

Hubo 400 años de silencio entre el Antiguo Testamento y el Nuevo Testamento. No había habido una palabra profética. No iba bien para la nación de Israel. Ellos estaban bajo el dominio y la ocupación de Roma. Ellos pagaban altos impuestos que habían sido impuestos por el emperador romano. Era un tiempo de temor e incertidumbre.

De repente, Jesucristo aparece en escena cambiando total y dramáticamente el mundo y la escena religiosa para siempre. Los dos mensajes anunciados en su nacimiento fueron: ***"no temas"*** y ***"en la tierra paz,*** *buena voluntad para con los hombres"*.

- **El primer mensaje en Nazaret fue: *"No temas"*.**

Lucas 1:30 **El mensaje del ángel a María.**
*30 Entonces el ángel le dijo: María, **no temas**, porque has hallado gracia delante de Dios.*

236

Mat. 1:20 **El mensaje del ángel a José.**
*20 Y pensando él en esto, he aquí un ángel del Señor le apareció en sueños y le dijo: José, hijo de David, **no temas** recibir a María tu mujer, porque lo que en ella es engendrado, del Espíritu Santo es.*

Lucas 1:13 **El mensaje del ángel a Zacarías.**
*13 Pero el ángel le dijo: Zacarías, **no temas**; porque tu oración ha sido oída, y tu mujer Elisabet te dará a luz un hijo, y llamarás su nombre Juan.*

Lucas 2:9, 10 **El mensaje del ángel a los pastores.**
9 Y he aquí, se les presentó un ángel del Señor, y la gloria del Señor los rodeó de resplandor; y tuvieron gran temor.
*10 Pero el ángel les dijo: **No temáis**; porque he aquí os doy nuevas de gran gozo, que será para todo el pueblo:*

En un día cuando los ataques terroristas vienen cerca de casa, hay temor. Cuando hay guerras y rumores de guerras, hay más temor. El mensaje de "*no temas*" de hace tiempo todavía aplica hoy en día. Este mensaje tranquilizador de fe es para todos los que están atravesando tormentas y pruebas de la vida.

Lucas 12:32
*32 **No temáis**, manada pequeña, porque a vuestro Padre le ha placido daros el reino.*

El temor es lo opuesto a la fe. El temor es como arena en la maquinaria -- la fe es como aceite.

• **El segundo mensaje en Nazaret fue paz. La única manera de tener paz, en un mundo de temor, es mantener la paz de Dios en nuestros corazones.**

Isa. 9:6 **Isaías profetizó en nacimiento de Jesús.**
*6 Porque un niño nos es nacido, hijo nos es dado, y el principado sobre su hombro; y se llamará su nombre Admirable, Consejero, Dios Fuerte, Padre Eterno, **Príncipe de Paz**.*

La palabra más maravillosa, gloriosa y relajante **paz (shalom)**, fue anunciada en Su nacimiento. Los ángeles anunciaron Su nacimiento a los pastores: "*¡Gloria a Dios en las alturas, Y **en la tierra paz, buena voluntad para con los hombres**!*"

Lucas 1:79 **Lucas hablando de la venida de Jesús al mundo.**
*79 Para dar luz a los que habitan en tinieblas y en sombra de muerte; Para encaminar nuestros pies por camino de **paz**.*

Juan 14:27 **El mensaje tranquilizador de paz de Jesús.**
*27 La paz os dejo, **mi paz os doy**; yo no os la doy como el mundo la da. No se turbe vuestro corazón, ni tenga miedo.*

Juan 16:33
*33 Estas cosas os he hablado para que en mí tengáis **paz**. En el mundo tendréis aflicción; pero confiad, yo he vencido al mundo.*

Nacido en circunstancias poco familiares, desfavorables, inusuales e inoportunas -- nacido en un viaje lejos de casa -- nacido en un establo frío y sucio; el nacimiento de ese bebé, el niño Cristo, para siempre cambió:
- Nuestro temor por fe.
  - Nuestra tormenta por paz.
    - Nuestra desesperanza por esperanza.
      - Nuestra muerte eterna por vida eterna.

- **Los mensajes "no temas" y "en la tierra paz" fueron consoladores para las generaciones previas. Pero, como todas las promesas maravillosas de Dios, ellas son para esta y las futuras generaciones, también.**

3.6 Yo Conozco Que el Ancla Sostiene en la Tormenta

Titubeo para usar un ejemplo personal, pero es la única manera de describir este concepto. Me es grata la oportunidad de testificar de la paz de Dios y Su maravilloso poder disponible en las tormentas de la vida.

En 1991, experimenté una prueba difícil que duró tres años y medio. Menos mal que Dios no nos informa cuánto durará una prueba; Él quiere que vivamos un día a la vez.

A las seis semanas de estar en esta prueba, le pregunté a Dios: "¿Cuándo va a terminar?". Él respondió: "Estoy quemando algunas cosas de tu vida". Yo entendí que duraría un rato. Después de un tiempo me di cuenta que no se trataba del pecado, sino de mi (mi voluntad propia versus Su voluntad).

Durante este tiempo, hablé con Dios mucho más y Él me habló a mí. Tú no tienes que ser una persona súper espiritual y especial para oír la voz de Dios -- tú simplemente tienes que hablarle a Él. Cuanto más le hablas, más te hablará él a ti.

Dos años más tarde, mientras conducía al trabajo temprano por la mañana, estaba hablando con Dios; estaba hablándole más a menudo para entonces. Le repetí mi pregunta anterior: "¿Cuándo acabará esta prueba? Creo que ya he aprendido la lección que me estás tratando de enseñar -- y ha sido buena para mí". Dios inmediatamente habló a mi espíritu las palabras que están grabadas en mi memoria para siempre: **"Esta prueba terminará cuando tú aprendas a tener paz en medio de la tormenta"**.

La prueba estaba causándome mucho temor; la fe y el temor no pueden coexistir. El apóstol Juan escribió: **"el temor lleva en sí castigo"**.

Un año después, en un viaje de negocios a Birmingham, Alabama, a una altitud de 33.000 pies (10.000 metros), yo no estaba ni enfocándome en mi prueba ni en la presión del ambiente de negocios que me esperaba en mi destino. Estaba leyendo mi Biblia y meditando en mi gran Dios. De repente sentí la manifiesta presencia de Dios entrar al avión y venir donde yo estaba sentado. Experimenté un sentimiento como un cálido aceite siendo derramado desde mi cabeza hasta mis pies y sentí la maravillosa paz de Dios asentarse sobre mí, como nunca antes había experimentado. Ese sentimiento ha persistido y permanece conmigo aún hoy en día.

La prueba no terminó con esa experiencia. De hecho, no terminó por algún tiempo. Pero oh, la paz de Dios; yo no fui librado de la tormenta, pero fui cobijado en ella.

Algún tiempo más tarde, la oscuridad de la larga prueba comenzó a decrecer y el sol volvió a brillar. Una victoria milagrosa me fue dada. Cuando terminó la prueba, no la acepté inicialmente, creyendo que sería solo un alivio temporal. Pero la prueba, realmente, había acabado y nunca he experimentado tal altura física, mental y espiritual. Si yo hubiera diseñado el final de esta prueba, me habría perdido los milagros que Dios trabajó en esta situación. Mientras miro hacia atrás hoy en día, continúo estando asombrado y maravillado de la mano de Dios en los eventos en la conclusión de esa prueba.

Si yo tuviera la opción de volver y escoger entre la senda de esta prueba y otra de victoria, escogería la prueba porque:
- Fui cambiado para siempre.
- Había echado el ancla de mi alma sobre la segura Roca de la eternidad. Encontré que todo en la palabra de Dios, en referencia a Su poder guardador a través de las tormentas de la vida, es verdadero.
- Había desarrollado una vida de oración más consistente.
- Había establecido una relación mucho más cercana con mi Padre celestial.

Otra cosa maravillosa que pasó en medio de esta prueba, fue un encuentro con Dios que yo llamo: una "experiencia de la zarza ardiendo". Al tratar de alcanzar una vida de oración más profunda, he estado leyendo y estudiando un número de libros sobre oración. Una mañana, alrededor de las 2:00 a.m., me desperté con la presencia de Dios en la habitación más poderosa de lo que jamás haya yo experimentado.

Dios es omnipresente. Él es tan vasto que el universo, millones de años luz de ancho y profundo no le puede contener; *el cielo es Su trono y la tierra el estrado de Sus pies*. Pero hay veces cuando Dios se revela a Sí mismo a Sus hijos en una manera especial; es la **presencia manifiesta de Dios**, tierra santa. Moisés la experimentó con la zarza ardiendo, cuando la presencia manifiesta de Dios apareció en la zarza ardiendo, ordenándole a Moisés que se quitase los zapatos al estar en tierra santa. Esto es lo que yo sentí en el avión cuando la presencia poderosa de Dios se derramó sobre mí.

Es lo que sentí esa mañana en mi habitación -- la asombrosa **presencia manifiesta** de Dios, cuando Él me habló: "La oración es importante, pero quiero que sepas acerca de una relación completa conmigo". Dios continuó hablando a mi mente y espíritu el resto de la noche y por varias semanas. Mi Biblia se convirtió en un nuevo Libro.

En un viaje de negocios a Florida, mi hotel era el Ritz Carlton en al océano Atlántico, pero mi tiempo libre fue pasado con la Biblia y libros de referencia. No quería apartarme de la palabra de Dios y de la voz apacible del Espíritu. Quería aprovechar este asombroso mover de Su Espíritu. Mucho del contenido en el Volumen I, acerca de la relación con Dios, me fue dado durante ese tiempo.

Doy gracias a Dios por este encuentro de "zarza ardiente". Pero debo ahora yo ser una zarza ardiendo, consumido con la voluntad y el propósito de Dios -- los negocios del Padre.

Esta prueba no me hizo todo lo que debería ser por Dios, pero fue una transición, un pasaje, hacia otro nivel en el plan de Dios para mi vida. Creó un hambre por **más de:**

- **Su Palabra** (desde entonces he pasado más de 10.000 horas estudiando Su Palabra y he tocado solamente la punta de las profundidades de Sus riquezas).

- Su Espíritu para trabajar en mi vida, cambiándome para ser más eficaz al ayudar a los demás.

Más pruebas pueden ser necesarias en mi vida para efectuar el cambio. Estoy tratando actualmente con una prueba "espiritual frente a una "física". Pero con el conocimiento de la paz de Dios y Su propósito, es maravilloso saber que estoy en la palma de Su mano y que Él está todavía trabajando en mí.

Mi oración no es que Dios quite la prueba, sino que me dé la gracia para soportar la cruz hasta que el cambio que Él desea sea efectuado.

Existen canciones maravillosas e inspiradas escritas por gente que ha experimentado tormentas y han sentido la paz de Dios. Oro porque las cantemos y las apliquemos como testimonios y oraciones:

"Grande es Tu Fidelidad"

"Cuan Bueno es Confiar en Cristo"

"Paz, Paz, Cuan Dulce Paz"

"No Quites de Mí Mi Carga o Mi Cruz"

4. Mi Oración

Querido Dios, no dejes que yo esté satisfecho con lo que soy y dónde estoy en Tu reino. Que siempre haya un hambre y una sed por más de tu justicia. No permitas que yo esté satisfecho con una relación de un círculo exterior, sino ayúdame a siempre buscar el círculo interior, más cerca de Ti.

Dame la gracia para abrazarme a la cruz cuando ese es Tu plan para mi vida. Cámbiame para permitir a Tu poder de resurrección trabajar en mí y a través de mí. Ayúdame a soportar el fuego del Refinador cuando es necesario para revelar y quemar las impurezas en mi vida. Que el velo del ego se rasgue para reflejar más de Tu amor, Tu voluntad y Tus caminos.

Que yo persiga un encuentro del tipo que cambia que no solo me afectará sino también a mi mundo desesperado. Que yo sea más como Tú, con una mente que cree lo imposible; ojos que ven lo invisible; oídos que oyen lo inaudible. Que haya menos de mí y más de Ti.

Ayúdame a someter cada área de mi vida a Tu autoridad, permitiéndote reinar como Señor en mi vida. Ayúdame a establecer las prioridades correctas y ser disciplinado para vivir por ellas.

No permitas que yo esté satisfecho con lo habitual, la rutina, o el status quo. Ayúdame a alcanzar la frontera del Espíritu donde yo nunca he estado antes. Ayúdame a descubrir nuevas alturas y profundidades en el Espíritu y una revelación más grande de Ti y Tus caminos.

Que esta canción sea mi oración: **"Cámbiame, Señor"**:

"Cámbiame Señor, cámbiame Señor, no permitas que yo siga igual
Porque quiero ser más como Tú.
Toma mi vida, haz mi vida, como Tú quieres que sea
Señor, por favor, cámbiame, querido Señor."[2]

Gracias por Tus abundantes bendiciones y Tu fidelidad hacia mí. Ayúdame a ser más fiel a Ti. Gracias por darme todo de Ti. Ayúdame a estar dispuesto a darte mi todo para Ti.

Gracias por las experiencias de la "zarza ardiente" cuando Tu asombrosa presencia manifiesta tocó mi vida. Pero permíteme ahora ser yo la zarza ardiendo -- encendido en fuego con pasión movido por Tu voluntad y Tu propósito.

Isaías 43:1, 2

1 Ahora, así dice Jehová, Creador tuyo, oh Jacob, y formador tuyo, oh Israel: No temas, porque yo te redimí; te puse nombre, **mío eres tú.**
2 Cuando pases por las aguas, **yo estaré contigo;** y si por los ríos, **no te anegarán.** Cuando pases por el fuego, **no te quemarás,** ni la llama arderá en ti.

* * * * * * *

Donde Él Me Guíe

Donde Él me guíe, yo le sigo.
Donde Él me guíe, yo le sigo.
Donde Él me guíe, yo le sigo.
Iré con Él, con Él, hasta el final.

Aunque nadie vaya conmigo, todavía le sigo.
Aunque nadie vaya conmigo, todavía le sigo.
Aunque nadie vaya conmigo, todavía le sigo.
Iré con Él, con Él, hasta el final.[1]

IV.
Apéndices

Apéndice 1 - Tablas

Solo unas cuantas tablas son incluidas ya que el Volumen Suplementario contiene las copias completas tamaño carta (8.5 x 11in – 21.6 x 28cm) de las tablas PowerPoint para los Volúmenes I, II, III, IV y V. Se publica como un volumen separado ya que:

- Muchas de estas tablas llegan a ser menos útiles (distorsionadas y difíciles de leer) cuando se reducen al tamaño de libro.
- Muchas tablas aplican a múltiples volúmenes.
- Estas cartas pueden ser revisadas y distribuidas sin reimprimir los volúmenes que se refieren a ellas.

Las tablas completas a todo color están disponibles en CD en formatos PowerPoint y Adobe Acrobat.

Refiérete a las siguientes páginas para estas tablas:

C-2 Crecimiento Espiritual - Visión
C-4 El Apetito Carnal Frente al Apetito Espiritual
C-7 Ruptura del Velo -- Menos de Uno Mismo y Más de Dios
C-14 Moviéndose de un Cristiano Movido por El Mantenimiento a un Cristiano Movido por la Cosecha
C-15 Amor -- El Puente al Crecimiento Espiritual
C-16 El Ciclo de Vida y El Equilibrio Del Hombre y Las Plantas
C-17 Crecimiento Espiritual - Ciclo de Vida y Balance
C-18 El Desequilibrio Detiene el Crecimiento Espiritual
C-21 La Tolerancia del Hombre Carnal Contra el Hombre Espiritual
D-1 El Plano del Tabernáculo -- Antiguo Testamento/Nuevo Testamento
D-4 El Modelo de Cuerpo/Alma/Espíritu
D-5 La Palabra Divide el Alma y el Espíritu
F-3 La Senda Hacia lo Sobrenatural -- Él Debe Crecer, Yo Debo Menguar

Tabla C-2

EL CRECIMIENTO ESPIRITUAL COMIENZA CON LA VISIÓN

LA VISIÓN DE DIOS Vs TU VISIÓN
LA MENTE DE DIOS Vs TU MENTE
LA VOLUNTAD DE DIOS Vs TU VOLUNTAD

LA VISIÓN DE DIOS:
LA VOLUNTAD Y PROPÓSITO ETERNOS DE DIOS PARA TU VIDA
Vs

TU VISIÓN:
UNA IMAGEN DE LO QUE VAS A SER Y HACER EN EL REINO DE DIOS

Hechos 2:17

17 Y en los postreros días, dice Dios, derramaré de mi Espíritu sobre toda carne, y vuestros hijos y vuestras hijas profetizarán; vuestros jóvenes verán visiones, y vuestros ancianos soñarán sueños

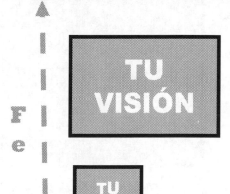

El testimonio del Apóstol Pablo

Hechos 26:19 No fui rebelde a la visión celestial.

251

Tabla C-4

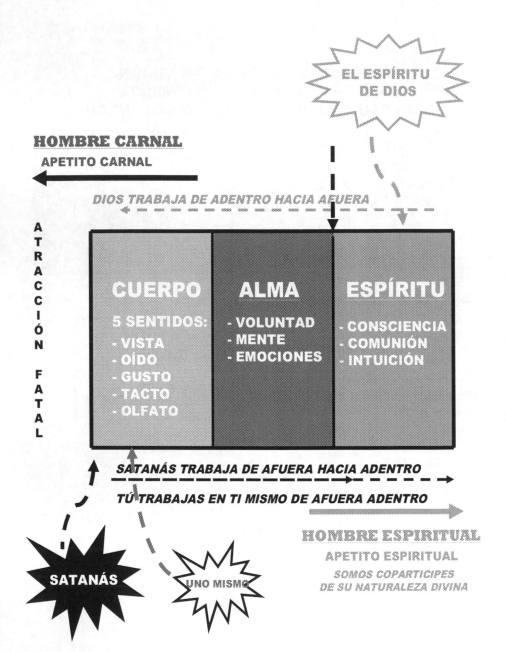

Tabla C-7

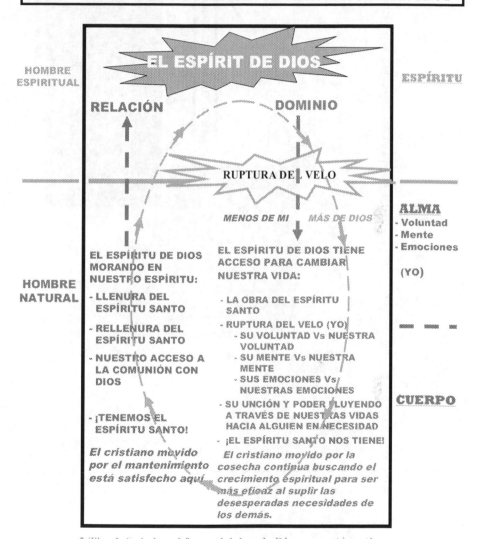

EL CICLO DEL CRECIMIENTO ESPIRITUAL
PERMITIRLE AL ESPÍRITU OBRAR EN TU VIDA PARA CAMBIAR EL YO

HOMBRE ESPIRITUAL

EL ESPÍRIT DE DIOS

ESPÍRITU

RELACIÓN   **DOMINIO**

RUPTURA DEL VELO

MENOS DE MI   *MÁS DE DIOS*

ALMA
- Voluntad
- Mente
- Emociones

(YO)

HOMBRE NATURAL

EL ESPÍRITU DE DIOS MORANDO EN NUESTRO ESPÍRITU:

- LLENURA DEL ESPÍRITU SANTO
- RELLENURA DEL ESPÍRITU SANTO
- NUESTRO ACCESO A LA COMUNIÓN CON DIOS

- ¡TENEMOS EL ESPÍRITU SANTO!

El cristiano movido por el mantenimiento está satisfecho aquí.

EL ESPÍRITU DE DIOS TIENE ACCESO PARA CAMBIAR NUESTRA VIDA:

- LA OBRA DEL ESPÍRITU SANTO
- RUPTURA DEL VELO (YO)
  - SU VOLUNTAD Vs NUESTRA VOLUNTAD
  - SU MENTE Vs NUESTRA MENTE
  - SUS EMOCIONES Vs NUESTRAS EMOCIONES
- SU UNCIÓN Y PODER FLUYENDO A TRAVÉS DE NUESTRAS VIDAS HACIA ALGUIEN EN NECESIDAD
- ¡EL ESPÍRITU SANTO NOS TIENE!

El cristiano movido por la cosecha continúa buscando el crecimiento espiritual para ser más eficaz al suplir las desesperadas necesidades de los demás.

CUERPO

2 Tim 1:6 Aviva el fuego del don de Dios que está en ti.

Tabla C-14

Como Cristiano Nacido de Nuevo:

- ¿Dónde estás?
- ¿Hacia dónde vas?

VIDA ESPIRITUAL CRECIMIENTO Y MADUREZ

?? MUERTE ESPIRITUAL

EL HOMBRE CARNAL
LA CARNE GOBERNANDO

LA VOLUNTAD DE SATANÁS PARA TU VIDA

1. Poca o nada de devoción de oración y la Palabra.
2. Falta de fidelidad a la casa de Dios en asistencia y servicio.
3. Otras cosas que han reemplazado a Dios como la primera prioridad en tu vida – trabajo, entretenimiento, pasatiempos, etc.

APARTADO

NIVEL DE MANTENIMIENTO

1. Devoción personal consistente de oración y de la Palabra.
2. Fidelidad a la casa de Dios en asistencia y ofrendas.
3. Lucha por hacer la perfecta voluntad de Dios y ponerle primero a Él en cada área de tu vida.

EL ALMA (EGO) GOBERNANDO

- Nuestra voluntad contra la voluntad de Dios
- Nuestra mente contra la mente de Dios
- Nuestras emociones contra las emociones de Dios (amor y compasión)

EL HOMBRE ESPIRITUAL

LA VOLUNTAD DE DIOS PARA TU VIDA

1. Consumido con el propósito, la voluntad y la obra de Dios.
2. Orar en el Espíritu, vivir en el Espíritu.
3. Ungidos para operar como hijos de Dios en el ámbito sobrenatural – afectando significativamente a tu campo personal de cosecha.

EL ESPÍRITU GOBERNANDO

Moverse de Cristiano movido por el mantenimiento u a un Cristiano movido por la cosecha

254

Tabla C-15

Nuestro motivo para el crecimiento espiritual debe ser cumplir el propósito de Dios – Ministrar las necesidades de la gente – movidos por el amor

1 Cor 13
1 Si yo hablase lenguas humanas y angélicas, y no tengo amor, vengo a ser como metal que resuena, o címbalo que retiñe. 2 Y si tuviere profecía, y entendiese todos los misterios y toda ciencia, y si tuviese toda la fe, de tal manera que trasladase los montes, y no tengo amor, nada soy. 3-13 ... amor ... amor ... amor ... amor ... amor

RELIGIOSO: ═══════════ Vs. ═══════════▶ **ESPIRITUAL:**

RELIGIOSO	ESPIRITUAL
Fiel a:	**Amor a:**
- La casa de Dios	- el Dios de la casa
- La Palabra de Dios	- el Dios de la Palabra
- La oración	- el pueblo perdido y necesitado de Dios
- El ayuno	
- Diezmos y ofrendas	
Lucas 18:11-12	Tu amor verdadero para Dios es medido por tu amor por tu hermano o cualquiera en necesidad.
11 El fariseo, puesto en pie, oraba consigo mismo...	
12 ayuno dos veces a la semana, doy diezmos de todo lo que gano.	
Ser librados de Egipto (el mundo), pero vivir en la rutina del desierto trae estancamiento espiritual.	Vivir en Canaán, en compañerismo con Dios en lo sobrenatural, trae crecimiento espiritual.

¡Amir a Dios con todo tu corazón y ama a tu prójimo como a ti mismo!

Gal 5:14 Porque toda la ley puede ser resumida en este mandato: "Ama a tu prójimo como a ti mismo". NLT

Santiago 2:8 Si realmente cumplís la ley real según la escritura, "Amaras a tu prójimo como a ti mismo," hareis bien. 9 Pero si mostráis parcialidad, estáis cometiendo pecado y sois convictos por la ley como transgresores. ESV

Mat 25:37-40 La prueba final en el juicio. La única manera de amar a Dios es ministrar a alguien necesitado.
37 Entonces los justos le responderán diciendo: Señor, ¿cuándo te vimos hambriento, ... o sediento, ... forastero, ... desnudo, enfermo, en la cárcel?
40 Y respondiendo el Rey, les dirá: De cierto os digo que en cuanto lo hicisteis a uno de estos mis hermanos más pequeños, a mí lo hicisteis.

Tabla C-16

El Ciclo de Vida y el Equilibrio de Hombre y Plantas

El hombre necesita oxígeno para vivir

Lo que el hombre necesita viene de lo que las plantas dan

Flujo

Plantas

Aspiran dióxido de carbono y exhalan oxígeno

Hombre

Aspira oxígeno y exhala dióxido de carbono

Flujo

Las plantas necesitan dióxido de carbono para vivir

Lo que las plantas necesitan viene de lo que el hombre da

Flujo

Cuando esto funciona bien, esto permite a ambos cobrevivir y prosperar.

Tabla C-17

Madurez Espiritual
Ciclo de Vida y Equilibrio
(Movido por el amor a Dios y por los demás)

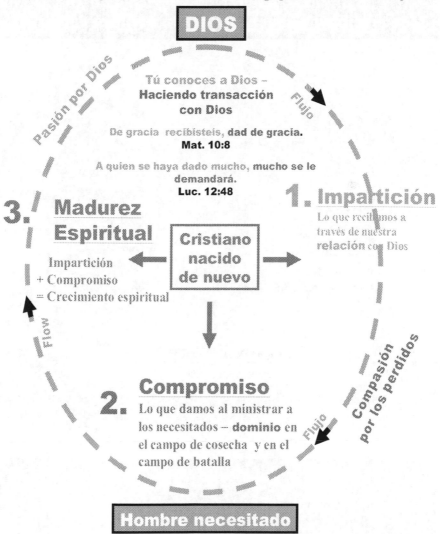

Ministrar algunas necesidades les beneficia — y a cambio te beneficia a ti.

Tabla C-18

El Desequilibrio Detiene el Crecimiento Espiritual

El Cristiano que recibe y nunca da está desequilibrado y nunca alcanza la madurez espiritual.

Pasión por Dios

3. **Madurez Espiritual**
Impartición
+ Compromiso
= Crecimiento espiritual

Flujo

1. **Impartición**
Lo que recibimos a través de nuetra Relación con Dios

2. **Compromiso**
Lo que damos por medio de nuestro evangelismo (dominio) en el campo de cosecha

Flujo

Flujo

Compasión por los perdidos

Los hijos de Israel que salieron de Egipto limitaron a Dios al no estar dispuestos a cumplir el propósito y la voluntad de Dios. Ellos tenían las bendiciones de Dios, pero no su favor.

Sal 78:41 Una y otra vez tentaban a Dios, y limitaban al Santo de Israel. NLT

Heb 3:17 ¿Y con quiénes estuvo él disgustado cuarenta años? ¿cuyos cuerpos cayeron en el desierto?

Tabla C-21

EL CRISTIANO NACIDO DE NUEVO:
Espiritual **Vs.** Carnal

EL REINO DE DIOS

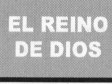

Movido por una pasión para los negocios del Padre

El Hombre Espiritual

Mientras más espiritual se llega a ser uno se convierte en menos tolerante de las cosas carnales y más tolerante de las cosas del Espíritu:

Ellos son estables y confiables y su mente está puesta el 110% en el reino de Dios en: oración, ayuno, fidelidad a la casa de Dios, estudiar la Palabra de Dios, renovación frecuente del Espíritu Santo, trabajar en los negocios del Padre para alcanzar a las almas.

Mientras uno llega a ser más carnal se vuelve menos tolerante de las cosas espirituales, y más tolerante de las cosas carnales:

La atracción de dos mundos les hace inestables e impredecibles — ¿orarán hoy, irán a la iglesia esta vez? Hay poco o nada de renovación del Espíritu Santo en sus vidas, etc. Una porción desproporcionada de su tiempo libre se gasta en la recreación, el entretenimiento, carreras, etc., (justificado porque no hay pecado abierto involucrado). Las cosas del Espíritu han tomado menos prioridad en su vida. Hay una falta de su búsqueda de las cosas espirituales – oración, ayuno, estudio de la Palabra de Dios, fidelidad a la casa de Dios, trabajar en los negocios del Padre para alcanzar a los perdidos.

La mente carnal puede justificar cualquier cosa que la conciencia o el Espíritu de Dios condena.

El Hombre Carnal

Movido por una pasión por sus propios intereses y negocios.

EL REINO DEL MUNDO

Influenciado por la atracción de dos mundos (Doble pensamiento)

Tabla D-1

EL PLANO DEL TABERNÁCULO

SOBRE
NATURAL

CELESTIAL

INMORTAL

3. LUGAR SANTÍSIMO

 MÁS ALLÁ DEL VELO

ESPÍRITU
- GLORIA DE
DIOS
- EL ESPÍRITU
DE DIOS SE
APODERA

NATURAL

TERRENAL

MORTAL

2. LUGAR SANTO

ALMA
- VOLUNTAD
- MENTE
- EMOCIONES

LAVATORIO DE BRONCE
(PUREZA)

ALTAR DE BRONCE
(SACRIFICIO)

CUERPO
- CARNAL
HOMBRE

1. ATRIO EXTERIOR

ÁREA AFUERA DEL TABERNÁCULO

Tabla D-4

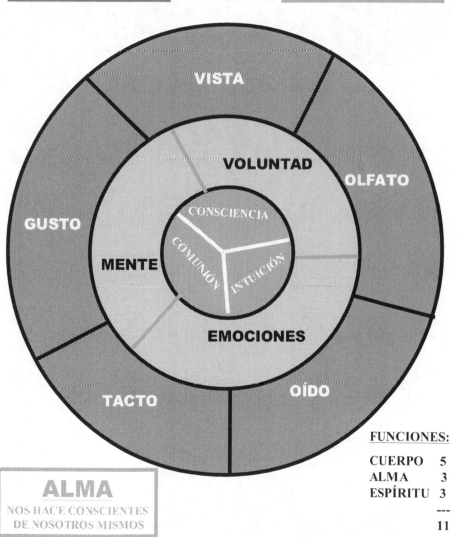

FUNCIONES:

CUERPO 5
ALMA   3
ESPÍRITU 3

11

Tabla D-5

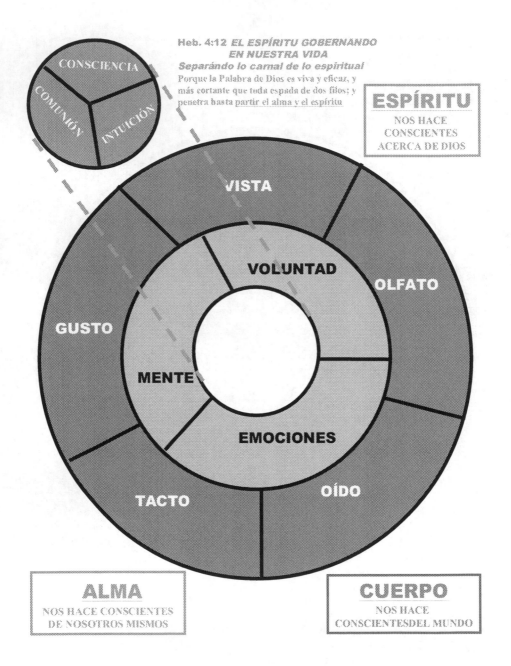

Heb. 4:12 *EL ESPÍRITU GOBERNANDO EN NUESTRA VIDA*
Separándo lo carnal de lo espiritual
Porque la Palabra de Dios es viva y eficaz, y más cortante que toda espada de dos filos; y penetra hasta partir el alma y el espíritu

CONSCIENCIA
COMUNIÓN
INTUICIÓN

ESPÍRITU
NOS HACE CONSCIENTES ACERCA DE DIOS

VISTA
VOLUNTAD
OLFATO
GUSTO
MENTE
EMOCIONES
TACTO
OÍDO

ALMA
NOS HACE CONSCIENTES DE NOSOTROS MISMOS

CUERPO
NOS HACE CONSCIENTESDEL MUNDO

Tabla F-3

LA SENDA A LO SOBRENATURAL PARA EL CREYENTE NACIDO DE NUEVO

EL MINISTERIO MILAGROSO DE JESÚS FLUIRÁ A TRAVÉS DE NOSOTROS SIN RESTRICCIÓN – **CUANDO EL YO HA MUERTO COMPLETAMENTE**

MUERTE AL YO:

- MI VOLUNTAD
- MI MENTE
- MIS EMOCIONES

Vs

- SU VOLUTNAD
- SU MENTE
- SUS EMOCIONES

ESTO ES UN PROCESO:

- ÉL DEBE CRECER
- YO DEBO MENGUAR

NO SOLO UNA MUERTE AL PECADO SINO UNA MUERTE AL YO

MENOS DE UNO MISMO

Menguar en nuestro apetito carnal

MÁS DE JESÚS

Crecer en nuestro apetito espiritual

CRECIMIENTO ESPIRITUAL – CAMBIA CON EL TIEMPO

EN EL NUEVO TESTAMENTO: (¿Por qué tuvo que morir Juan el Bautista?)

Juan el Bautista era el precursor del ministerio milagroso de Jesús. Su mensaje de "Es necesario que Él crezca y que yo mengüe", fue una profecía cumplida en sí mismo cuando él estaba prisionero, y fue matado cuando el ministerio milagroso de Jesús comenzó.

EN EL ANTIGUO TESTAMENTO: (¿Por qué tuvo que morir Jonatán?)

Saúl es un tipo de la carne, Jonatán es un tipo del alma (yo – la voluntad, la mente, y las emociones), David es un tipo del Espíritu. Tanto Saúl como Jonatán tenían que morir antes que David pudiese subir al trono.

Tabla F-4

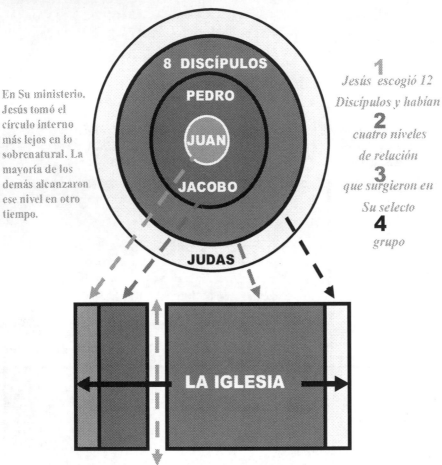

JESÚS LLEVA A SU CÍRCULO INTERIOR PRIMERO HACIA LO SOBRE NATURAL

En Su ministerio, Jesús tomó el círculo interno más lejos en lo sobrenatural. La mayoría de los demás alcanzaron ese nivel en otro tiempo.

8 DISCÍPULOS
PEDRO
JUAN
JACOBO
JUDAS

1 Jesús escogió 12 Discípulos y habían 2 cuatro niveles de relación 3 que surgieron en Su selecto 4 grupo

LA IGLESIA

SEGUIR EL EJEMPLO DE JESÚS DE LIDERAZGO EN LO SOBRENATURAL:

Hay un círculo interno (20-30%) dentro de la iglesia que está listo a realizar los cambios necesarios para:
- Una mayor REVELACIÓN de Jesús (ej. Mateo 17:1, Marcos 9:2 esperiencia del monte de la Transfiguración)
- Un mover más profundo hacia lo ACCIONES SOBRENATURALES (ej. Marcos 5:37, Lucas 8:51 – Resucitar muertos)
- Una profundidad mayor en la ORACIÓN - PODER (ej. Lucas 9:28, Marcos 14:33 Oración de Getsemaní - NO MI VOLUNTAD
- Más ENSEÑANZA de desafío (ej. Marcos 13:3)

Estos son aquellos de la iglesia que son parte del círculo interno y están listos AHORA para hacer el cambio radical (Cambio de paradigma) necesario para moverse en lo sobrenatural. Mientras este grupo es guiado más adelante hacia lo sobrenatural, los demás los seguirán allí en otro tiempo.

Tabla F-7

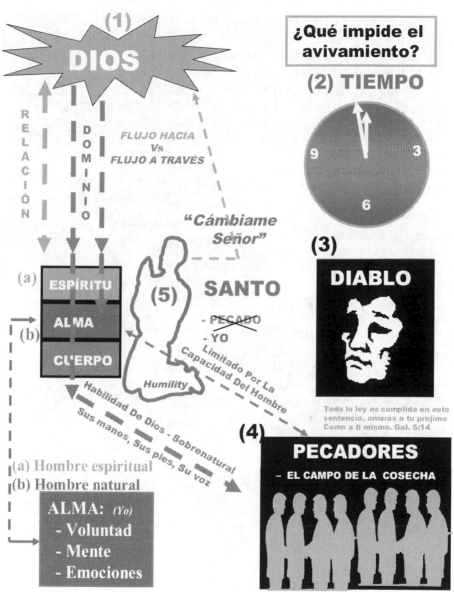

Tabla H-21

AUTO-DISCIPLINA - - Preparación que desarrolla el autocontrol para reforzar la obediencia a lo que que debe ser hecho.
Es la grata rendición de una vida a un propósito más alto. Es decir "no" a muchas cosas para poder decir "sí" a unas pocas búsquedas excelentes.

1 Cor. 9:27
27 Sino que golpeo mi cuerpo, y lo pongo en **servidumbre**, no sea que... yo mismo venga a ser eliminado.

27 Sino que **disciplino** mi cuerpo como un atleta, preparándolo para lo que debería hacer. NLT

Prov. 10:17
El camino a la vida es la vida **disciplinada**. MSG

2 Tim. 1:7
Porque Dios no nos ha dado espíritu de temor, sino de poder, amor, y **autodisciplina**. NLT

Lo que deberías estar haciendo

Lo que estás haciendo ahora

Dirigido por el amor

Auto - Disciplina - La clave a la madurez espiritual

Fieles en:
- Oración
- Ayuno
- Estudio de la palabra
- La casa de Dios
- Amor (ministrar a la gente en necesidad)

Heb. 12:11 Ahora ninguna **disciplina** trae gozo, sino produce tristeza y es dolorosa; pero después produce un frut apacible de justicia para los que han sido preparados por ella (una cosecha de fruto que consiste en justicia – en conformidad a la voluntad de Dios en propósito, pensamiento, y acción, resultando en vida y estar bien delante de Dios). AMP

Tabla H-22

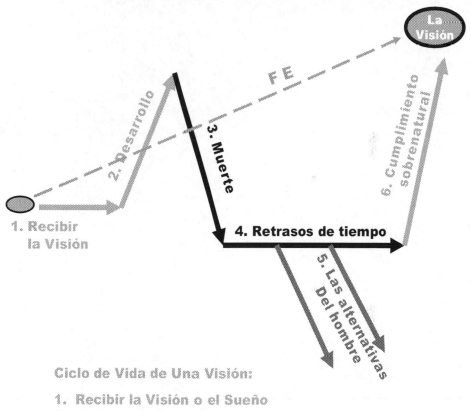

EL Ciclo de Vida de Una Visión

Ciclo de Vida de Una Visión:

1. Recibir la Visión o el Sueño
2. Desarrollo de la Visión
3. Muerte de la Visión
4. Retrasos del Tiempo
5. Alternativas (el hombre trata de hacer que pase)
6. Cumplimiento Sobrenatural (Dios hace que pase)

Apéndice 2 – Referencia de Tablas del Volumen Suplementario

Refiérete al Volumen Suplementario para las siguientes tablas relacionadas al tema del **Crecimiento espiritual**.

Índice primario de temas para "Crecimiento Espiritual"

APÉNDICES

Índice alterno de temas para **"Crecimiento Espiritual"**

Estas son tablas que aplican a temas múltiples incluyendo el tema del Crecimiento Espiritual:

A-1   Una Relación Equilibrada con Dios
A-5   Niveles de Relación de Discípulo con Jesús

B-1   Modelo de Restauración de Dominio
B-2   Relación y Dominio -- Crecimiento Espiritual

D-1   El Plan del Tabernáculo -- Antiguo Testamento/Nuevo Testamento
D-2   El Cuerpo Nos Hace Conscientes del Mundo
D-3   El Alma Nos Hace Conscientes de Nosotros Mismos
D-4   El Modelo Cuerpo/Alma/Espíritu
D-5   La Palabra Divide el Alma y el Espíritu
D-6   La Carne, el Alma o El Espíritu Gobernando

E-3   Niveles de Carga, Oración y Unción

F-3   La Senda Hacia lo Sobrenatural -- "Él Debe Crecer, Yo Debo Menguar"
F-6   Los Dones del Espíritu Fluyen a Través del Canal del Amor

G-14 Prepararse y para la Cosecha y Retenerla

H-19 Cómo Estoy Manejando los Recursos Dados por Dios Actualmente
H-20 Cómo Debería Manejar Sabiamente los Recursos Dados por Dios
H-21 La Autodisciplina Promueve el Cambio
H-22 El Ciclo de Vida de una Visión

Apéndice 3 - Notas

Introducción

(1) Nuevo diccionario mundial de colegio Webster, 4a Edición, Copyright © 2002, por Wiley Publishing, Inc., Cleveland, Ohio, p. 505, 513, 1052.

(2) Notas de Barnes, Base de datos electrónica, Copyright © 1997, 2003, 2005, 2006 por Biblesoft, Inc. Todos los derechos reservados.

Sección I

Capítulo 1

(1) E. M. Bounds, *E. M. Bounds on Prayer* (Bounds Sobre la Oración), Copyright © 1997 por Whitaker House, p. 11, 12.

(2) John Piper, *A Hunger for God* (Un Hambre por Dios), Copyright © 1997 por Crossway Books, Wheaton Illinois, p. 242. Todos los derechos reservados.

(3) Shelly Hendricks, *Evangelism God's Heartbeat* (Evangelismo, el Latido de Dios), Copyright © 1999 por Harvest Ministries Inc., Madisonville, Kentucky, p. 49. Todos los derechos reservados.

Capítulo 2

(1) Léxico Griego de Thayer, Base de Datos Electrónica, Copyright © 2006 por Biblesoft, Inc. Todos los derechos reservados.

(2) Nuevo Diccionario Mundial de Colegio Webster, 4a Edición, Copyright © 2002, por Wiley Publishing, Inc., Cleveland Ohio, p. 434, 1598.

Nota: Algunos de los conceptos en este capítulo son de un sermón predicado por el Rvdo. Wayne Huntley.[3]

Capítulo 3

(1) Watchman Nee, *The Spiritual Man* (El Hombre Espiritual), Copyright © 1968, by Christian Fellowship Publishers, Inc., New York, NY, Volumen 2, Capítulo 3, p. 35, 36.

Capítulo 4

(1) John T. Benson, Jr., song: *Just A Closer Walk With Thee* (Una Caminata Más Cerca de Ti), Copyright © 1950.

Sección II

Capítulo 1

(1) Nuevo Diccionario Mundial de Colegio Webster, 4a Edición, Copyright © 2002, por Wiley Publishing, Inc., Cleveland, Ohio, p. 569.

(2) Watchman Nee, *The Spiritual Man* (El Hombre Espiritual), Copyright © 1968, by Christian Fellowship Publishers, Inc., New York, NY, Volumen 1, Capítulos 1, 3.

Capítulo 2

(1) Autor Desconocido.

Capítulo 3

(1) Notas de Barnes, Base de Datos Electrónica, Copyright © 1997, 2003, 2005, 2006 by Biblesoft, Inc. Todos los derechos reservados.

Capítulo 4

(1) Notas de Barnes, Base de Datos Electrónica, Copyright © 1997, 2003, 2005, 2006 by Biblesoft, Inc. Todos los derechos reservados.

(2) Autor Desconocido.

(3) Comentario de Toda la Biblia por Matthew Henry, PC Study Bible Formatted Electronic Database, Copyright © 2006 por Biblesoft, Inc. Todos los derechos reservados.

(4) Números Strong y Concordancia Exhaustivos con Expansión de Diccionario Griego-Hebreo de Biblesoft, Copyright © 1994, 2003, 2006 Biblesoft, Inc. e International Bible Translators, Inc. Todos los derechos reservados.

(5) El Comentario del Púlpito, Base de Datos Electrónica, Copyright © 2001, 2003 por Biblesoft, Inc. Todos los derechos reservados.

(6) Comentario de Adam Clarke, Base de Datos Electrónica, Copyright © 1996, 2003, 2005, 2006 por Biblesoft, Inc. Todos los derechos reservados.

(7) Johnson Oatman, Jr., canción: *I'll Trade the Old Cross for a Crown (Cambiaré Mi Cruz por Una Corona).*

(8) Biblia de Estudio MacArthur, Copyright © 1997, por Word Publishing, p. 1937.

(9) Entrevista con Rick Warren por Paul Bradshaw.

Capítulo 5

(1) Nuevo Diccionario Mundial de Colegio Webster, 4a Edición, Copyright © 2002, por Wiley Publishing, Inc., Cleveland, Ohio, p. 569.

(2) Léxico Griego Thayer, Base de Datos Electrónica, Copyright © 2006 por Biblesoft, Inc. Todos los derechos reservados.

(3) Notas de Barnes, Base de Datos Electrónica, Copyright © 1997, 2003, 2005, 2006 by Biblesoft, Inc. Todos los derechos reservados.

(4) Comentario de Toda la Biblia por Matthew Henry, PC Study Bible Formatted Electronic Database, Copyright © 2006 por Biblesoft, Inc. Todos los derechos reservados.

APÉNDICES

(5) Autor Desconocido.

(6) Comentario de Jamieson, Fausset, y Brown, Base de Datos Electrónica, Copyright © 1997, 2003, 2005, 2006 by Biblesoft, Inc. Todos los derechos reservados.

(7) Comentario Bíblico de Wycliffe, Base de Datos Electrónica, Copyright © 1962 by Moody Press.

(8) Melody Ringo, "La Tiranía del Tiempo", *Revista Cambio*, Junio 2007, p. 54.

Sección III

Capítulo 1

(1) Nuevo Diccionario Mundial de Colegio Webster, 4a Edición, Copyright © 2002, por Wiley Publishing, Inc., Cleveland, Ohio, p. 569.

(2) E. M. Bounds, Referencia Desconocida.

Capítulo 2

(1) El Comentario del Púlpito, Base de Datos Electrónica, Copyright © 2001, 2003 by Biblesoft, Inc. Todos los derechos reservados.

Capítulo 3

(1) Randy Simpson, canción: *Sometimes He Calms Me* (A Veces Él Me Calma a Mí).

Capítulo 4

(1) E. W. Blandy, canción: *Where He Leads Me* (Donde Él Me Guíe).

(2) Stan Shockley, canción: *Change Me, Lord* (Cámbiame, Señor).

Información Ministerial

Si tú quieres contactar a James Twentier, o te gustaría recibir más información acerca de este ministerio, por favor hazlo a través de uno de los siguientes métodos:

Teléfono: (281) 773-6533 / 773- 6534

E-mail: jtwentier@peoplepc.com

Proyecto de Recaudación de Fondos para Misiones

Los beneficios de la venta de estos libros y el ingreso recibido de este ministerio son donados a una de las siguientes:

1. Misiones Extranjeras para proyectos especiales.
2. Misiones Domésticas para el establecimiento de obras pioneras.
3. Ministerio de Evangelismo de la iglesia madre.
4. Otros proyectos de iglesia pequeñas.

Énfasis Ministerial

Misiones Extranjeras (particularmente Institutos Bíblicos)

Hemos pasado varios meses enseñando en Institutos Bíblicos en: Manila, Filipinas; Barcelona y Madrid, España. Planeamos expandir este ministerio en el futuro.

Misiones Domésticas

(Obras pioneras e iglesias pequeñas donde el pastor tiene que trabajar)

Cada año una porción de nuestro tiempo es dedicado a esta área. Esto es hecho en base de voluntariado sin gasto para el pastor o para la iglesia.

Iglesias Establecidas

El propósito principal es animar y preparar a la iglesia para desarrollar un mejor definido y más fuerte Ministerio de Oración y Ministerio de Cuidados.

Enfoque Ministerial

El enfoque principal de nuestro ministerio es el **avivamiento para los santos** el cual está diseñado para animar y preparar a la iglesia a moverse hacia un nivel eficaz y disciplinado de evangelismo personal, discipulado, y crecimiento.

Esto incluye dos de los temas fundamentales relacionados a prepararse para el avivamiento y retener los resultados del avivamiento:

- **Crecimiento Espiritual -- Pasión por Dios**

- **Avivamiento y Evangelismo -- Compasión por los Perdidos**

Cultos Especiales y Seminarios

Cuando son necesarios, los cultos especiales y seminarios proveen enseñanza y preparación para poner en práctica los principios de evangelismo en práctica a través de los dos brazos de la iglesia:

- El **brazo de poder** (Ministerio de Oración -- alcanzarle a Él).

- El **brazo de acciones** (Ministerio de Compasión y de Cuidados -- alcanzarles a ellos).

Algunos de estos cultos y seminarios aplican a toda la iglesia y algunos a grupos selectos en la iglesia. Se usan diversos medios de comunicación para las presentaciones de enseñanza y preparación.

- **Visión y Planificación de Evangelismo** *(Dirección)*
  - Planificar por una gran cosecha y planificar para retener la cosecha.
  - Conducir una sesión de planificación de visión y evangelismo (retiro de fin de semana, o sesiones de planificación).

- **Ministerio de Oración** *(Poder)*

  - Planificar y desarrollar un ministerio de oración más poderoso en la iglesia.

  - Desarrollar un mayor entendimiento y compromiso para la oración de avivamiento *(Oración de avivamiento frente a la oración de supervivencia)*.

- **Ministerio de Compasión y Cuidados** *(Acciones)*

  - Atraer, ganar, retener, y hacer discípulos.

  - Alcanzar a los pecadores en nuestro círculo de influencia.

  - Interesarse por las visitas y los nuevos convertidos. ¡Encuentra una necesidad y súplela! ¡Encuentra una herida y sánala!

- **Ministerio de Estudios Bíblicos en Casa** *(La palabra)*

  - Ganar a los inconversos y establecer a los nuevos convertidos.

  - Seminario de Estudios Bíblicos en casa. (Asistir a los que enseñan o los interesados en enseñar las series de estudios bíblicos en casas).

- **Fomento de los Equipos y Entrenamiento** *(Equipos)*

  - Desarrollar un mejor entendimiento de cómo ser más eficaces con los equipos de ministerio.

  - ¡El trabajo de equipo (unidad) hace que el sueño funcione (visión)!